菓子工房ルスルスからあなたに。
作り続けたいクッキーの本

ていねいに作る48レシピ

新田あゆ子

はじめに

はじめまして。
この本を手に取ってくださり、ありがとうございます。
菓子工房ルスルスは、2006年の10月東麻布の東京タワーのある街にオープンしました。
店頭ではお客様自らがどなたかのためにいろいろ想いをめぐらせながら、
詰め合わせの焼き菓子をひとつひとつ選んでいきます。
よく相手の方を想像しながら、お客様とご一緒に詰め合わせていくのですが、
お客様の相手を想う気持ちを共有でき、またこういう日々があることで、
もっといいものを作ろうと、私たちのお菓子はおいしくなると思っています。

また、お菓子教室では、生徒の皆さんがたくさんの想いを込めながら、
真剣に楽しくお菓子を作っています。
お菓子には、いつもその先に「誰かを想う空間」があるように感じます。
私はこのことがおいしいお菓子を作る一番のポイントだと思っています。

「作る」ということは、適当では上手くいかず簡単ではありません。
ただ、不思議なことに「上手くなりたい」とか「喜んでもらいたい」など
気持ち次第ででき上がるものは大きく変わります。
気持ちがあると、ひとつひとつの手順を大事に、ていねいにできるからかもしれません。

この本では、少ない種類でも喜んでもらえるように形や大きさ、食感など、
たくさんのバリエーションを載せました。
まずは気になったものを作ってみてください。
それから大事にとっておいた缶や箱に詰めてみてください。
難しく考えず、ぜひ大切な誰かのためにクッキーを焼いてみてください。

焼き時間は誰かを想う時間。
この本がそんな想いを手助けできるものになれば嬉しいです。

菓子工房ルスルス
新田あゆ子

Contents

- 02 はじめに
- 06 菓子工房ルスルスのこと
- 08 クッキーをお店みたいに作るコツ
- 09 生地作りのポイント
- 10 焼きあがりについて
- 11 保存と食べ頃について

型抜きクッキー

- 13 プレーンクッキー
- 15 ショコラのクッキー
- 16 シュガークッキー
- 16 ピスタチオとヘーゼルナッツのクッキー
- 17 チョコサンドチョコクッキー
- 17 レモンシュガーサンド
- 18 ガレット
- 18 ショコラガレット
- 19 サブレブルトン
- 20 チーズサブレ（プレーン／スパイス）
- 21 ポルボロン

アイスボックスクッキー

- 28 バニラクッキー
- 28 紅茶クッキー
- 29 緑茶クッキー
- 29 ピーカンナッツクッキー
- 29 チョコクッキー
- 34 ウズマキ
- 34 フチドリ
- 35 ストライプ
- 35 マーブル
- 36 黒糖のサブレ
- 37 さつまいもスティック
- 37 かぼちゃスティック
- 38 ごぼうのクッキー
- 39 全粒粉クッキー
- 44 プレーンショートブレッド
- 45 レモンのショートブレッド

まるめるクッキー

49 スノーボール
49 くるみうぐいすのスノーボール
52 チーズボールクッキー（白ごま／ローズマリー）

スプーンを使ったクッキー

54 オレンジアーモンドチュイール
55 ごまジンジャーチュイール
58 レーズンのロイヤルドロップクッキー
58 いちじくのロイヤルドロップクッキー
59 クロッカン

しぼり出しクッキー

62 ヴィクトリア
62 メープル
63 アニス
63 スパイス
68 レモンのメレンゲ
68 コーヒーのメレンゲ
69 クミンのビスキュイ
69 紅茶のビスキュイ
70 プラリネサンドのラング ド シャ
71 ハーブティーのラング ド シャ
76 チーズスティック

天板クッキー

83 アーモンドのフロランタン
86 ごまのフロランタン
88 エンガディナー
89 ジャムサンド

66 生地のしぼり方とバリエーション
78 Column 箱詰めクッキーの作り方
94 基本の材料
95 基本の道具

◎本書の使い方
- オーブンの温度や時間は、ガスオーブンを使用したときの目安です。熱源や機種によって焼きあがりに違いが生じるので調整してください。
- 卵はL玉を使用しています。全卵60ｇ、卵黄20ｇ、卵白40ｇです。分量を量るときに覚えていると便利です。
- すべての材料はグラムで表示しています。小数点以下が測れる微量計つきの電子スケールできちんと計量してください。

菓子工房ルスルスのこと

　童話に出てくるような趣があるルスルス東麻布店は、周りをビルに囲まれた都会の一角にある小さなスイーツショップです。

　ここに姉妹でお菓子教室を始めたのが今から10年前のこと。初めは教室で作るお菓子を紹介する目的で週末に少しずつ販売をはじめました。うれしいことに毎週お菓子を買いにきてくれるお客様が増え、ショップと教室を営む今のスタイルに落ち着きました。

　今では、喫茶スペースと工房、教室を備えた浅草店、数々の有名店が軒を並べるデパート、松屋銀座店と店舗も増え、一緒に働くスタッフも増えましたが、10年の間変わらずに続けているのは、家庭でも作れるシンプルなお菓子をていねいに作って、届けること。そして作り立てがおいしいものは、ちゃんと作り立てを販売すること。それは、長く教室を続ける中で、大切な人への愛情がお菓子をおいしくすることを実感しているから。心から喜んでもらいたい、という気持ちを持ってひとつひとつていねいに工房で作り続けています。

　ルスルスはフランス語で「源・発信」という意味。おいしいお菓子作りの原点を大切に、作り手とお客様の笑顔がつながる場所として、それぞれの場所で変わらぬ味を届けています。

レトロでノスタルジックな浅草店。ショーケースには生菓子やクッキー、季節のフルーツを焼き込んだマフィンやタルトが並びます。

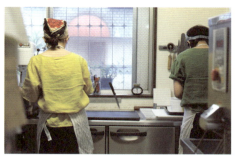

左：浅草店で開かれるお菓子教室は単発とコースがあります。
生徒さんが作ってくれたノートには、細かく写真が添えられ、作り方のコツが満載です。
右：ユニフォームは色違いでおそろい。

左：喫茶スペースも古民家風の内装で、男性客もくつろげる落ち着いた雰囲気。
右上：民家を改装したアットホームな東麻布店。営業は週3日なので、その日を楽しみにしてくれるお客さんも多いそう。
右下：東麻布店のショーケース。場所はそれぞれちがっていても、同じお菓子が並びます。

クッキーをお店みたいに作るコツ

缶の中にきれいにお行儀よく並ぶお店のクッキー。
シンプルな材料を混ぜて焼くだけなのに、「きれいに、おいしく」作るのは意外と難しいもの。
そこで家でもお店みたいなクッキーが作れるコツをご紹介します。

一番大切なのはバターを溶かさないこと

口に入れたときのサクサク感や、ホロッとほどける口どけのよさは、バターの状態が決め手です。バターは液体にならないように、室温に戻すか、電子レンジの解凍機能でクリーム状にしてから使います。ゴムべらがすっと入るくらいの固さを目安に、溶かさないように注意しましょう。生地を混ぜている間に溶けてしまう場合は、氷水にあてて冷やすことも大切です。また、生地が上手にできても、成形時にバターが溶け出すことも。やわらかくなりすぎた生地は一度冷やす、むやみに手で触らずめん棒でのす、など、ちょっと気をつけるだけで、仕上がりが変わります。

生地作りのポイント

卵はグラム単位で使う

計量をきちんと行なうのはお菓子作りの基本ですが、本書では卵も計量して使います。全卵、卵黄、卵白とクッキーによって使い方も様々ですが、どれもよく溶いてから混ぜ合わせるのがポイントです。
卵Lサイズ＝60g（卵黄＝20g、卵白＝40g）と覚えておくと目安になります。

バター、卵は乳化させる

乳化とはマヨネーズのように油分と水分が十分に混ざり合っている状態のこと。クッキー作りではバターや卵をきちんと乳化させることが、おいしさにつながります。そのためにも卵を混ぜるときは、少量ずつ加えてそのつど乳化させると失敗がありません。

一定のリズムで混ぜる

クッキー生地が固くなってしまう原因のひとつが、粉を加えたときに生地を練ってしまうこと。そこで粉を入れたら、ゴムべらで生地を2回切り、3回めで返します。これを1セットにして、1、2、3と一定のリズムで効率よく混ぜていきます。粉気がなくなるまでくり返しましょう。

生地を均一にする

生地作りの仕上げはゴムべらで状態を均一にすることです。ゴムべらの面を使って生地を少しずつくずしながら、手前に移動させるようにします。数回くり返して全体を混ぜると、余分な空気が抜けて、ざらつきやムラもなくなり、なめらかな生地に変化します。

焼きあがりについて

どんなオーブンでも奥の方が焦げやすい、手前が焼けにくいなど焼きムラは生じるもの。そこで焼き時間が過ぎたからといって、一気に取り出さず、焼きあがりは1枚ずつチェックするようにしましょう。薄いものは表側、裏側にきれいな焼き色がついているか、厚いものは焼き色だけでなく、1枚割ってみて中心が焼けているかチェックすることも大切です。砂糖が多いクッキーの場合は、オーブンから出したあとも余熱で焼き色が濃くなるので注意しましょう。しっかりと焼けたクッキーはおいしさが長持ちするので、1枚ずつの見極めが大切です。

保存と食べ頃について

クッキーは焼き立てよりも、しっかり冷めてから味がなじんでくる頃が食べ頃に。どのクッキーも保存状態が悪いとすぐにしけって台無しになってしまいます。湿気はクッキーの天敵なので、焼きあがって十分冷めてから、密閉できる容器へ移し、乾燥剤を入れて保存します。乾燥剤はシリカゲルやシート乾燥剤など何でもよいのですが、箱詰めにするときは場所をとらないシートタイプがおすすめです。

◎この本のレシピのクッキーの保存期間と食べ頃
保存期間：常温で10日間
　　　　　（ジャムサンド P.89 は7日間）
食 べ 頃：しっかり冷めた頃

型抜きクッキー

タルトのようなさっくり感と型を抜きやすい
しっかりとした生地が特徴の基本の生地。
バターのおいしさを感じられるガレットやサブレ、
口の中でホロッとほどける、ポルボロンなど、
型を使って作るクッキーはバリエーションが豊富です。

01.
プレーンクッキー

型抜きクッキーや天板クッキーなど、
サクッとした食感が魅力的な基本となる生地です。
作り方⇒ P.14

01. プレーンクッキー

【材料】厚さ4mm、25×23cmのシート2枚分
バター（食塩不使用）…148g
粉糖…120g
全卵…56g
アーモンドパウダー…60g
薄力粉…288g

【下準備】
・バター、卵は室温に戻す。
・卵は必要な分量を量り、よく溶きほぐす。
・粉糖、薄力粉はそれぞれふるいにかける。
・天板にオーブンシート（あればシルパン）を敷く。

ボウルの下にぬれた布巾を敷くと作業しやすい。

1. ボウルにバターを入れ、ゴムべらでほぐす。

2. 粉糖を加え、空気を入れないように意識して、ゴムべらで生地を押さえるように混ぜる。

3. バターと粉糖がなじむまで混ぜる。

4. 全卵を少しずつ加えて、そのつどよく混ぜて乳化させる。

5. 空気を入れないようにゴムべらを使い、ボウルから生地がはがれるようになるまで混ぜる。

6. 生地に弾力が出てきたら混ぜ終わり。

7. アーモンドパウダーを加えて、ゴムべらでよく混ぜる。

8. アーモンドパウダーが生地になじみ、粉気がなくなるまで混ぜる。

9. ボウルの下の布巾を外し、薄力粉を一気に加えて、ゴムべらで、生地を切るように2回混ぜる。

Arrange
ショコラのクッキー　● プレーンクッキーの生地に、ココアを加えたアレンジクッキー。

【材料】厚さ4mm、25×23cmのシート1枚分
バター（食塩不使用）… 100g
粉糖… 60g
全卵… 32g
アーモンドパウダー… 20g
A ┃ 薄力粉… 150g
　┃ ココア（砂糖不使用）… 18g
　┃ 塩… 1g

【下準備】
・Aを合わせてふるっておく。
・上記以外はP.14「プレーンクッキー」と同様に準備する。

【作り方】
P.14「プレーンクッキー」を参照し、同様に作る。

10 続けて底からぐるりと生地を返す。2周切って3回目で底から返すをくり返し、練らないように混ぜ合わせる。

11 粉気がなくなり、生地がゴムべらについて混ぜにくくなったら混ぜ終わりの合図。混ぜすぎると固くなるので、注意する。

12 ゴムべらの面を使い、生地を手前にくずすように移動させる。生地全体がムラなく、なめらかになるようにする。

ビニール袋の両脇を切ってシート状にしたもの。丈夫で便利。

13 生地をまとめ、ビニールシートにはさむ。ビニールシートを使うとやわらかい生地ものばしやすい。

14 上からめん棒で押して、生地を広げる。めん棒を使うと手の温度でバターが溶けることもなく、均一にのばせる。

15 めん棒の端がのるように生地の両脇にバールを置き、厚さ4mmに均一にのす。平らな状態で、冷凍庫で1時間くらい冷やして生地がきれいに抜ける固さになったら取り出す。

16 ビニールシートを外して台に取り出し、好みの抜き型で抜く。手の腹を使って上から押すときれいに型抜きができる。

焼けていないものはさらに数分焼いて確認する。

17 天板に適度な間隔で並べ、170℃のオーブンで12分焼く。両面に焼き色がついているか確認し、取り出す。焼きあがったら、ケーキクーラーなどに置き、しっかり冷ます。

18 残った生地を集め、P.31の**10**を参照して俵形にまとめてからのし、再び冷やして型で抜く。

02.
シュガークッキー

菊型をふたつ使ってリング状に型抜きしたクッキーです。
残った真ん中でピスタチオとヘーゼルナッツの
クッキーを作ると2種類の味が楽しめます。
作り方⇒P22

03.
ピスタチオと
ヘーゼルナッツのクッキー

表面に塗ったアンズジャムの焼き色がきれいなクッキー。
一口サイズで食べやすく、ナッツの食感が
アクセントになっています。
作り方⇒P22

04.
チョコサンドチョコクッキー

チョコレートクリームをたっぷり使ったサンドクッキー。
ザクザクとした食感のロイヤルティーヌもサンドし、
小さくても満足感のあるクッキーに仕上がります。
作り方⇒ P.23

05.
レモンシュガーサンド

しっかりとした歯ごたえのあるクッキーに
さわやかな香りのレモンシュガーをサンド。
クッキーを薄く焼くのがポイントです。
作り方⇒ P.23

06.
ガレット

フランスのブルターニュ地方の伝統菓子。
厚く作って外側はカリッと、中はしっとりとした
食感になるよう、上手に焼いてください。
作り方⇒ P.24

07.
ショコラガレット

生地をカットしてからケースに入れて焼いた
厚焼きクッキー。ビターなココア生地にくるみや
チョコレートの甘さがほどよく効いています。
作り方⇒ P.25

08.
サブレブルトン

バターの風味豊かな薄焼きクッキー。
きれいな形にするには、よりていねいに混ぜることが大切です。
作り方⇒ P.25

09.
チーズサブレ（プレーン／スパイス）

何層にも折り重なったパイ生地のような
サクサクとした軽い口あたりのサブレ。
バターを溶かさないように注意してください。
作り方⇒ P.26

10.
ポルボロン

ポルボロンはクリスマスシーズンにかかせない
スペインの祝い菓子。口に入れるとほろりと崩れる
独特の食感は、粉類をローストしてから
加えることで生まれます。
作り方→P.27

02. シュガークッキー

【材料】厚さ4mm、直径6.5cmの菊型20個分
バター（食塩不使用）… 148g
粉糖… 120g
全卵… 56g
アーモンドパウダー… 60g
薄力粉… 288g
グラニュー糖… 適量

【下準備】
・P.14「プレーンクッキー」同様に準備する。

【作り方】
1 P.14「プレーンクッキー」の1〜15を参照し、クッキー生地を作る。
2 生地を台に取り出し、直径6.5cmの菊型で抜き、さらに中央を直径3.5cmの菊型で抜く。
3 2の表面にグラニュー糖をまんべんなくまぶし、天板に適度な間隔で並べる。
4 170℃のオーブンで18分焼く。全体に焼き色がついて、キメが粗くなっているか確認し、パレットナイフで取り出す。焼けていないものはさらに数分焼いて焼き色を確認する。
5 焼きあがったら、ケーキクーラーなどに置き、しっかり冷ます。

03. ピスタチオとヘーゼルナッツのクッキー

【材料】厚さ4mm、直径3.5cmの菊型45個分
バター（食塩不使用）… 74g
粉糖… 60g
全卵… 28g
アーモンドパウダー… 30g
薄力粉… 144g
アンズジャム（市販）… 適量
ピスタチオ（殻なし）… 適量
ヘーゼルナッツ… 適量

【下準備】
・ピスタチオとヘーゼルナッツは170℃のオーブンで5〜10分焼いて冷まし、好みの大きさに刻む。
上記以外はP.14「プレーンクッキー」同様に準備する。

【作り方】
1 P.14「プレーンクッキー」の1〜15を参照し、クッキー生地を作る。
2 生地を台に取り出し、菊型で抜き、天板に適度な間隔で並べる。
3 アンズジャムを鍋に入れ、中火で温めてやわらかくする。ジャムが固い場合は、水（分量外）を少量加えてのばし、一度沸騰させ、粗熱をとる。
4 アンズジャムを刷毛で2の上面にぬる。薄くのばしてムラのないようにする。
5 ピスタチオとヘーゼルナッツをのせ、170℃のオーブンで12分焼く。裏側に焼き色がついているか確認し、パレットナイフで取り出す。焼けていないものはさらに数分焼いて焼き色を確認する。
6 焼きあがったら、ケーキクーラーなどに置き、しっかり冷ます。

04. チョコサンドチョコクッキー

【材料】厚さ2mm、直径3.5cmの菊型サンド90個分
◎チョコレートクリーム
　ミルクチョコレート…180g
　プラリネ（ヘーゼルナッツ）…18g
インスタントコーヒー（粉末）…適量
ロイヤルティーヌ…適量（a）
上記以外はP.15「ショコラのクッキー」参照。

【下準備】
・ミルクチョコレートは細かく刻み、100gと80gに分ける。上記以外はP.15「ショコラのクッキー」同様に準備する。

【作り方】
1 P.14「プレーンクッキー」の1〜14を参照し、クッキー生地を作る。
2 生地の半量を台に取り出し、厚さ2mmにのして冷やし、菊型で抜き、天板に適度な間隔で並べる。残り3枚分も同様に型を抜く。
3 170℃のオーブンで12分焼く。両面に焼き色がついているか確認し取り出す。焼けていないものはさらに数分焼いて確認する。
4 刻んだミルクチョコレート100gをボウルに入れ、湯せんにかけて溶かす。湯せんを外して残りの80gを全て加えてゴムべらでよく混ぜる。
5 プラリネを加えてさらに混ぜ、チョコレートクリームを作る。
6 3を等分に分け、半量の裏面に、5をスプーンですくってのせ、コーヒーとロイヤルティーヌを上からのせて、残りのクッキーではさむ。
7 6を冷凍庫で1分程度冷やし固めて取り出す。上面にスプーンでチョコレートクリームをのせ、スプーンの背で渦巻きを描くように広げ、インスタントコーヒーをふる。完全に乾くまで常温におく。

ロイヤルティーヌ
薄いクッキー生地を砕いてフレーク状にしたもの。サクサクとした食感が特徴でよくチョコレートに混ぜて使われる。

---

05. レモンシュガーサンド

【材料】厚さ2mm、直径4×3cmの楕円型サンド90個分
レモンの皮…2個分
レモンシュガー
　（粉糖80g＋レモン汁…10〜12g）
粉糖…適量
上記以外はP.14「プレーンクッキー」参照。

【下準備】
・レモンの皮はゼスター（a）ですりおろす。上記以外はP.14「プレーンクッキー」同様に準備する。

【作り方】
1 P.14「プレーンクッキー」の1〜12を参照し、クッキー生地を作る。レモンの皮を加えて手早く全体に混ぜる。
2 P.15の13〜14を参照して生地をのして冷やす。
3 台に取り出し、厚さ2mmにのして丸型で抜く。天板に適度な間隔で並べ、フォークで空気穴をあける。残り3枚分も同様に型を抜く。
4 P.15の17〜18を参照し、焼きあげて冷ます。
5 レモンシュガーを作る。ボウルに粉糖とレモン汁を入れ、ゴムべらで混ぜてよく練る（b）。
6 4を等分に分け、半量の裏面に、5をスプーンですくってのせ、残りのクッキーではさむ。乾くまで常温におく。
7 上面に茶こしで粉糖をたっぷりとふりかける。

06. ガレット

【材料】厚さ1.5cm、直径5cmの丸型8個分
発酵バター…120g
粉糖…72g
塩…1.2g
A ┃ 卵黄…24g
  ┃ ラム酒…12g
薄力粉…120g
卵液（全卵60g＋卵黄20g＋牛乳数滴）

【下準備】
・バター、卵は室温に戻す。
・卵は必要な分量を量り、よく溶きほぐす。
・粉糖、薄力粉はそれぞれふるいにかける。
・ボウルに A を入れてよく混ぜる。
・卵液の材料をボウルに入れ、よく混ぜてこし器でこす。
・天板にオーブンシート（あればシルパン）を敷く。
・セルクルの内側にバター(分量外)をぬっておく。

【作り方】
1 ボウルにバターを入れ、ゴムべらでほぐす。
2 粉糖と塩を加え、空気を入れないように意識して、ゴムべらで生地を押さえるように混ぜる。
3 Aを加えて、よく混ぜて乳化させる。生地に弾力が出てきたら混ぜ終わり。
4 薄力粉を一気に加えて、ゴムべらで、生地を切るように2回混ぜ、3回めで生地を返す。練らないように1、2、3の一定のリズムで混ぜ合わせる。
5 粉気がなくなったら、ゴムべらの面を使い、生地を手前に少しずつくずしながら移動させて、生地全体をなめらかにする。
6 生地をまとめ、ビニールシートにはさむ。上からめん棒で押して、生地を広げる。
7 めん棒の端がのるように生地の両脇にバールを置き、厚さ1.5cmに均一にのす。バットなどにのせ、冷凍庫で1時間くらい冷やして生地が固くなったら取り出す。
8 台に取り出し、丸型で抜く。天板に適度な間隔で並べ、表面に卵液を刷毛でぬり（a）、冷蔵庫で冷やし、卵液が乾いたら取り出す。
9 再度刷毛で卵液をぬり、フォークを使って模様を描く（b）。

10 一つずつバターをぬった直径5cmのセルクルをはめて（c）160℃のオーブンで35分焼いて取り出す。セルクルを外してさらに5分焼いて焼き色を確認し、パレットナイフで取り出す。焼けていないものはさらに5分程度焼いて確認する。焼きあがったら、ケーキクーラーなどに置き、しっかり冷ます。

くるみのシロップ漬け
くるみのシロップ漬けを作る。くるみを170℃のオーブンで10分焼いて粗熱をとり、手で砕く。グラニュー糖を煮溶かしてシロップを作り、くるみを加えて一晩漬ける。

07. ショコラガレット

【材料】厚さ1cm、5×5cm ケース6個分
発酵バター… 120g
粉糖… 80g
塩… 1g
A ┃ 牛乳… 20g
　 ┃ ブランデー… 15g
B ┃ 薄力粉… 130g
　 ┃ ココア(砂糖不使用)… 10g
細かく刻んだチョコレート… 30g + 飾り用適量
くるみのシロップ漬け(P.24 **d** 参照)
　(くるみ30g + グラニュー糖50g + 水37g)

【下準備】
・バターは室温に戻す。
・ボウルに **A** を入れてよく混ぜる。
・合わせた **B**、粉糖はふるいにかける。

【作り方】
1 ボウルにバターを入れ、ゴムべらでほぐす。
2 粉糖と塩を加え、空気を入れないように意識して、ゴムべらで生地を押さえるように混ぜる。
3 **A** を加えてゴムべらでよく混ぜる。
4 **B** を一気に加え、ゴムべらで、生地を切るように2回混ぜ、3回めで生地を返す。1、2、3の一定のリズムで練らないように混ぜる。
5 砕いたチョコレート30gを加えてさっと混ぜる。
6 P.24「ガレット」の **5～6** 同様に生地を作り、**7** 同様にのして冷やす。ただし厚さは1cm。
7 5×5cmにカットして、ケースに入れる(P.24 **e**)。
8 くるみとチョコレートをのせて天板に並べ、160℃のオーブンで20分焼く。表面の焼き色を確認し、パレットナイフで取り出す。焼けていないものはさらに数分焼き、焼きあがったら、ケーキクーラーなどに置き、しっかり冷ます。

---

08. サブレブルトン

【材料】厚さ4mm、直径4cmの丸型25枚分
発酵バター… 60g
グラニュー糖… 56g
塩… 1.2g
卵黄… 24g
アーモンドパウダー… 28g
A ┃ 薄力粉… 80g
　 ┃ ベーキングパウダー… 8g

【下準備】
・バター、卵は室温に戻す。
・卵は必要な分量を量り、よく溶きほぐす。
・**A** を合わせてふるいにかける。
・天板にオーブンシート(あればシルパン)を敷く。

【作り方】
1 ボウルにバターを入れ、ゴムべらでほぐす。
2 グラニュー糖と塩を加え、空気を入れないように意識して、ゴムべらで生地を押さえるように混ぜる。
3 卵黄を加えて、よく混ぜて乳化させる。
4 アーモンドパウダーを加え、ゴムべらで混ぜる。
5 **A** を一気に加えて、ゴムべらで、生地を切るように2回混ぜ、3回めで生地を返す。1、2、3の一定のリズムで練らないように混ぜ合わせる。
6 粉気がなくなったら、ゴムべらの面を使い、生地を少しずつくずしながら移動させて、全体をなめらかにする。
7 生地をまとめ、ビニールシートにはさむ。上からめん棒で押して、生地を広げる。
8 めん棒の端がのるように生地の両脇にバールを置き、厚さ4mmに均一にのす。バットなどにのせ、冷凍庫で1時間くらい冷やして生地が固くなったら取り出す。
9 台に取り出し、丸型で抜く。天板に3cm以上間隔をあけて並べ、170℃のオーブンで12分焼く。縁が濃い焼き色になったらパレットナイフで取り出す。焼けていないものはさらに数分焼いて確認する。焼きあがったら、ケーキクーラーなどに置き、しっかり冷ます。

09. チーズサブレ（プレーン／スパイス）

> フードプロセッサーがない場合はカードを使ってバターを細かくする。

⚜ プレーン

【材料】厚さ1cm、3×2.5cmの菊型18個分
バター（食塩不使用）… 30g
A ┃ 薄力粉… 50g
　┃ パルメザンチーズ（粉末・セルロース不使用）… 40g
B ┃ 卵黄… 10g
　┃ 生クリーム（脂肪分38%）… 10g
卵液（全卵60g + 卵黄20g + 牛乳数滴）

【下準備】
・バターは使う直前まで冷蔵庫で冷やしておく。
・Aを合わせてふるいにかける。
・Bをボウルに入れてよく混ぜ合わせる。
・卵液の材料をボウルに入れ、よく混ぜてこし器でこす。
・天板にオーブンシート（あればシルパン）を敷く。

【作り方】
1. Aのボウルにバターを入れ、周りに粉を絡める。
2. バターを台に取り出して1cm幅の棒状にカットし、再度Aのボウルに入れて、切り口に粉を絡める。
3. バターを台に取り出して、なるべく細かくカットする。
4. Aのボウルにバターを入れて、切り口に粉を絡め、冷凍庫で1時間以上冷やして指でつぶれない固さになるまで冷やす。
5. フードプロセッサーに4を入れ、撹拌する。バターの塊が手に残らず、全体が黄色味がかってきたら撹拌終了。
6. ボウルに5を移し、Bを加える。
7. ゴムべらで底からさっくりと混ぜ、水分が見えなくなったら、バターが溶けないように手でにぎってパッと放すをくり返し、生地をまとめる。粉気がなくなり、生地全体がまとまれば混ぜ終わり。
8. 生地を四角くまとめ、ビニールシートではさみ、めん棒で上から押して平らにのす。
9. めん棒の端がのるように生地の両脇にバールを置き、厚さ1cmに均一にのす。バットなどにのせ、型抜きできる固さになるまで冷凍庫で1時間くらい冷やす。
10. 台に取り出し、型で抜き、天板に適度な間隔で並べ、表面に卵液を刷毛でぬり、冷蔵庫で冷やし、卵液が乾いたら取り出す。
11. 再度刷毛で卵液をぬり、フォークを使って模様を描く。160℃のオーブンで20分焼く。1個割って、中心に火が通っていたら焼きあがり。焼きすぎると苦くなるので注意。パレットナイフで取り出し、ケーキクーラーなどに置き、しっかり冷ます。

⚜ スパイス

【材料】厚さ1cm、2×2cmの四角32個分
キャラウェイシード… 1g（Aに加える）
*クミンによく似た形状ですが、さわやかな香りとほのかな甘みが特徴。
上記以外は「プレーン」参照。

【下準備】
・キャラウェイシードはミルで粉砕し、残りのAの材料と合わせてふるいにかける。
・上記以外は「プレーン」同様に準備する。

【作り方】
1. 上記の1〜9を参照して生地を作り、冷やす。
2. 台に取り出し、生地端が直線になるように4辺切り落とす。2×2cmになるように定規で印をつけてカットする。天板に適度な間隔で並べ、表面に卵液を刷毛でぬり、冷蔵庫で冷やし、卵液が乾いたら取り出す。
3. 上記の11を参照し、焼きあげて冷ます。

10. ポルボロン

【材料】厚さ1cm、直径4.5cmのセルクル10個分
バター（食塩不使用）…50g
粉糖…40g
塩…1g
生クリーム…10g
A ┃ 薄力粉…50g
　┃ 米粉…25g
　┃ アーモンドパウダー…60g
　┃ シナモン、ナツメグ…各0.2g

【下準備】
・バター、生クリームは室温に戻す。
・薄力粉、アーモンドパウダーは
　それぞれ170℃のオーブンで20〜30分焼いて
　冷ましてから計量する（a 薄力粉. b アーモン
　ドパウダー）。
・Aを合わせてふるいにかける。
・天板にオーブンシートを敷く。

【作り方】
1 ボウルにバターを入れ、ゴムべらでほぐす。粉糖と塩を加え、空気を入れないように意識して、ゴムべらで生地を押さえるように混ぜる。
2 生クリームを加えて、よく混ぜて乳化させる。
3 Aを一気に加えて、ゴムべらで、生地を切るように2回混ぜ、3回めで生地を返す。1、2、3の一定のリズムで練らないように混ぜ合わせる。
4 粉気がなくなったら、ゴムべらの面を使い、生地を少しずつくずしながら移動させて、生地全体をなめらかにする。
5 生地をまとめ、ビニールシートにはさむ。上からめん棒で押して、生地を広げる。
6 めん棒の端がのるように生地の両脇にバールを置き、厚さ1cmに均一にのす。バットなどにのせ、冷凍庫で1時間くらい冷やして生地が固くなったら取り出す（できれば冷蔵庫に移して一晩置くと生地がなじんでこわれにくい）。
7 台に取り出し、丸型で抜き、さらに位置をずらして月形になるように抜く（c）。天板に適度な間隔で並べる（くずれやすいのでやさしく扱うこと）。
8 170℃のオーブンで20分焼く。両面の焼き色を確認し、パレットナイフで取り出す。焼けていないものはさらに数分焼いて確認する。焼きあがったら、ケーキクーラーなどに置き、しっかり冷ます。
9 粉糖（分量外）を茶こしでたっぷりかける。

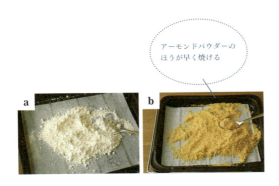

アーモンドパウダーのほうが早く焼ける

アイスボックスクッキー

生地を棒状にして冷凍庫で冷やして固めてから切り分けるクッキー。
端まで上手にカットしましょう。
フレーバーを替えるだけで、味のバリエーションが広がるので、
お好みの味を探してみてください。

11.
バニラクッキー

ほろほろとした生地と周りにまぶした
グラニュー糖が軽やかな食感を生み出します。
バニラの甘い香りが漂う、シンプルなクッキーです。
作り方⇒ P.30

12.
紅茶クッキー

細かく刻んだ茶葉を、そのまま生地に練りこんだ、
風味豊かなクッキー。上品な味わいで、
ティータイムにもぴったりです。
作り方⇒ P.31

13.
緑茶クッキー

緑茶の渋みがほんのり残る大人の味。
仕上げに粉糖をまぶし、ほどよい甘さに。
和のテイストを味わえる奥深いクッキーです。
作り方⇒ P.31

14.
ピーカンナッツクッキー

ナッツのごろっとした食感と、生地のさっくりとした
食感が合わさった、軽くてやさしい甘さのクッキー。
焼いたナッツを生地に練りこませてあるので、香り豊かに。
作り方⇒ P.32

15.
チョコクッキー

ココア生地に、砕いたチョコレートを合わせた、
チョコレート好きにはたまらないクッキー。
削りにまぶしたグラニュー糖の食感とも、よく合います。
作り方⇒ P.33

11.
バニラクッキー

【材料】直径2.5cmの棒状2本分
バター（食塩不使用）…120g
粉糖…100g
塩…0.3g
卵黄…20g
バニラビーンズ…1.5cm
薄力粉…200g
打ち粉（強力粉）、グラニュー糖、
卵白…各適量

【下準備】
・バター、卵は室温に戻す。
・卵は必要な分量を量り、よく溶きほぐす。
・粉糖、薄力粉はそれぞれふるいにかける。
・バニラビーンズをナイフの背を使い、
　さやからこそげ出す（**a**）。
・天板にオーブンシートを敷く。

1　ボウルにバターを入れ、ゴムべらでほぐす。

2　粉糖と塩を加え、空気を入れないように意識して、ゴムべらで生地を押さえるように混ぜる。

3　卵黄を加えて、よく混ぜて乳化させる。

4　バニラビーンズを加えてボウルの端で少量の生地になじませてから、全体に混ぜる。こうすると1か所に固まらず、全体にムラなく混ぜることができる。

5　薄力粉を一気に加えて、ゴムべらで、生地を切るように2回混ぜ、3回めで生地を返す。1、2、3の一定のリズムで、練らないように混ぜ合わせる。

6　粉気がなくなり、生地がゴムべらについて混ぜにくくなったら終わりの合図。カードでゴムべらについた生地をとる。

7　ゴムべらの面を使い、生地を少しずつくずしながら移動させて、生地全体をムラなく、なめらかにする。

8　生地を同じ厚さに広げ、バットなどにのせて冷凍庫で10分冷やす。冷蔵庫に移し、さらに20分冷やし、指で押して生地がつぶせない固さになったら取り出す。

9　生地を2等分にして台にのせ、打ち粉をせずに手の腹で上から押して手早く生地をほぐす。

12. 紅茶クッキー／13. 緑茶クッキー

【材料】紅茶：直径4cm（緑茶：直径2.5cm）の棒状2本分
バター（食塩不使用）… 100g
粉糖… 60g　塩… 0.3g　卵黄… 20g
A｜薄力粉 180g
　｜茶葉（紅茶）… 4g（緑茶は緑茶パウダー… 12g）
卵白、グラニュー糖（緑茶は粉糖）、
　打ち粉（強力粉）… 各適量

【下準備】
・紅茶の茶葉は細く刻む（あればミルで粉砕する）。
・A を合わせてふるいにかける。
・P.30「バニラクッキー」同様に準備する。

【作り方】
1 P.30「バニラクッキー」の **1～3** 同様にクッキー生地を作る。
2 P.30 の **5～12** を参照して生地を丸い棒状にする。紅茶は直径4cm（緑茶は直径2.5cm）を目安にし、板状のもので転がす。
3 下記の **13～18** を参照し、紅茶クッキーは同様に焼きあげる（緑茶クッキーは卵白、グラニュー糖をつけずに焼きあげたら粗熱をとって粉糖をまぶす）。

10 それぞれの生地を、打ち粉をふりながら、俵状にまとめる。

11 打ち粉をふりながら、手のひらで転がして均一な細長い丸棒状にする。

12 直径2.5cmくらいになったら、仕上げに指のあとがなくなるように、上から平らな板状のもので転がす。

13 紙（コピー用紙など）の上に生地をのせ、端からくるんと巻いて冷凍庫で1時間くらい冷やす。

14 バットに紙を敷き、グラニュー糖をのせる。生地の長さに合わせて、カードで薄く平らにならす。

15 紙を外して生地を取り出し、側面に卵白を刷毛でぬる。

16 手前に **15** をのせ、全体に均一にグラニュー糖がつくように両手で1周転がす。トントンと軽くバットにあて、余分なグラニュー糖を落とす。

17 厚さ7mmくらいにカットする。生地が固いので、ナイフの頭を押さえて、根元で生地を切るときれいに切れる。

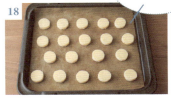

18 天板に適度な間隔で並べ、170℃のオーブンで12分焼く。裏返して焼き色を確認する。焼きあがったら、ケーキクーラーなどに置き、しっかり冷ます。

焼けていないものはさらに数分程度焼いて確認する。

14. ピーカンナッツクッキー

【材料】1.5×4cmの棒状2本分
バター（食塩不使用）…74g
粉糖…30g
カソナード（なければきび砂糖）…30g
全卵…30g
ピーカンナッツ…60g
A ｜ 薄力粉…100g
　｜ 強力粉…50g
　｜ ベーキングパウダー…4g
打ち粉（強力粉）…適量
グラニュー糖…適量
卵白…適量

【下準備】
・バター、卵は室温に戻す。
・卵は必要な分量を量り、よく溶きほぐす。
・合わせたA、粉糖はそれぞれふるいにかける。
・ピーカンナッツは160℃のオーブンで10分程度、香りが立つまで焼いて冷ます。
・天板にオーブンシートを敷く。

【作り方】
1. ボウルにバターを入れ、ゴムべらでほぐす。
2. 粉糖とカソナードを加え、空気を入れるように、泡立て器で混ぜる。
3. 全卵を数回に分けて加えて、そのつどよく混ぜて乳化させる。
4. ピーカンナッツを加えてゴムべらで生地全体に混ぜる。
5. Aを一気に加えて、ゴムべらで、生地を切るように2回混ぜ、3回めで生地を返す。1、2、3と一定のリズムで練らないようにさっと混ぜ合わせる。
6. 生地を同じ厚さにまとめ、バットなどにのせて冷凍庫で10分程度冷やす。冷蔵庫に移し、さらに20分冷やし、指で押して生地がつぶれなくなったら取り出す。
7. 台にのせ、半量ずつに切り分ける。手の腹で上から押して生地をほぐす。
8. それぞれの生地をまとめて、打ち粉をふりながら、俵状にまとめる。
9. 打ち粉をふりながら、切り口が長方形になるようにめん棒で押しながら棒状にする。
10. 生地の両脇に定規をあて、トントンと台に打ちつけて、長方形になるように角を整える。
11. 紙（コピー用紙など）の上に生地をのせ、端から巻いて冷凍庫で1時間くらい冷やす。
12. バットに紙を敷き、グラニュー糖をのせる。生地の長さに合わせて、カードで薄く平らにならす。
13. 紙を外して生地を取り出し、側面に卵白を刷毛でぬる。
14. 12に13をのせ、全体に均一にグラニュー糖がつくように両手で軽く押さえる。数回面を変え生地を立て、トントンと軽くバットに打ちあて、余分なグラニュー糖を落とす。
15. 包丁で、厚さ1cmくらいにカットする。生地が固いので、ナイフの頭を押さえて、根元で生地を切るときれいに切れる。
16. 天板に適度な間隔で並べ、170℃のオーブンで13分焼く。裏返して焼き色がついているか確認し、パレットナイフで取り出す。焼けていないものはさらに数分焼いて焼き色を確認する。焼きあがったら、ケーキクーラーなどに置き、しっかり冷ます。

15. チョコクッキー

【材料】2.5×2.5cm 棒状 2 本分
バター（食塩不使用）…74g
粉糖…60g
全卵…30g
砕いたチョコレート…80g
A ┌ 薄力粉…94g
　├ 強力粉…46g
　├ ココア（砂糖不使用）…10g
　└ ベーキングパウダー…4g
卵白…適量
グラニュー糖…適量
打ち粉（強力粉）…適量

【下準備】
・バター、卵は室温に戻す。
・卵は必要な分量を量り、よく溶きほぐす。
・合わせた A、粉糖はふるいにかける。
・天板にオーブンシートを敷く。

【作り方】
1 ボウルにバターを入れ、ゴムべらでほぐす。
2 粉糖を加え、空気を入れるように、泡立て器で混ぜる。
3 P.32「ピーカンナッツクッキー」の 3 を参照し、全卵を加える。
4 砕いたチョコレートを加えてゴムべらで生地全体に混ぜる。
5 P.32 の 5〜8 を参照して生地を俵状にする。
6 打ち粉をふりながら、切り口が正方形になるようにめん棒で押しながら棒状にする。
7 P.32 の 12〜14 を参照してグラニュー糖をつける。
8 P.32 の 15 を参照して生地をカットする。
9 天板に適度な間隔で並べ、170℃のオーブンで 15 分焼く。裏返して焼き色がついているか認し、パレットナイフで取り出す。焼けていないものはさらに数分焼いて焼き色を確認する。焼きあがったら、ケーキクーラーなどに置き、しっかり冷ます。

アイスボックス
2色の生地で作る模様バリエーション

プレーンやショコラなど、2色の生地を使った模様作りをご紹介します。
生地を重ねたり、巻きこんだりして成形するので、
見た目の楽しさが増す、わくわくするクッキーに仕上がります。

16. ウズマキ

1 オーブンシートの上に、板状にのばした2色の生地に刷毛で全卵を薄くぬって重ねておく。定規をあててパイカッターで斜め45度に端を切り落とす(**a**)。
2 切り落とした端の反対側の生地を中心に巻きこみ、オーブンシートをひっぱりながらくるくると丸く巻きこむ(**b**)。1でカットした端が巻き終わりの生地に沿うようにシートの上から軽く押さえる。焼くときは5mmにカットする。

a

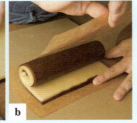
b

17. フチドリ

1 直径2.5cmの棒状と円周に合わせて1辺約8cmにカットした板状の生地2色を用意する(**a**)。
2 オーブンシートの上に板状の生地をのせ、刷毛で全卵を薄くぬり、端に丸い棒状の生地を置き、芯にして巻く(**b**)。焼くときは5mmの厚さにカットする。

a

b

【用意するもの】
・16.18.19 … P.14「プレーンクッキー」、P.15「ショコラのクッキー」の生地を2種。
　17 … P.14「プレーンクッキー」、P.31「緑茶クッキー」の生地2種。
・接着用の全卵を溶いて、こし器でこす。

【焼きあがり／焼き時間】
・P.31「バニラクッキー」の **18** 同様

18. ストライプ

1　同じサイズにカットした板状の生地を合計9枚用意する（**a**）。
2　枚数が多い方の生地が両端にくるように全卵を刷毛で薄くぬり、順に重ねる（**b**）。焼くときは5mmの厚さにカットする。

19. マーブル

1　生地端など、不揃いな2色の板状の生地を交互に重ね、上から押して半分に折り、さらに重ねて押すを数回くり返す（**a**）。
2　生地がまとまってきたら、両手で転がして俵状にし、細長い棒状に整える（**b**）。定規2本ではさんで、台に押しつけ、角を整える（**c**）。焼くときは5mmの厚さにカットする。

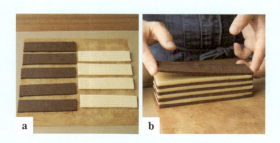

a　　　　　b

a　　　b　　　c

20.
黒糖のサブレ

黒糖の香りとほんのりとした甘みが特徴の
素朴なサブレ。黒糖シロップの代わりに
メープルシロップを使ってもおいしく作れます。
作り方⇒P.40

21.
さつまいもスティック

焼きいもの味がしっかり感じられる
クッキーです。ポリポリと食べられるように
スティック状にカットしました。
作り方⇒ P.41

22.
かぼちゃスティック

かぼちゃの色が鮮やかなクッキー。
さつまいもと同様、食感を感じられる
細めのスティック状にカット。
作り方⇒ P.41

23.
ごぼうのクッキー

スライサーで薄くカットしたごぼうを生地に入れた、
食物繊維たっぷりのクッキー。しっかりとした歯応えもあり、
おつまみ感覚で、どんどん食べられます。
作り方⇒ P.42

24.
全粒粉クッキー

バターとオイル、2種類の油分を使った軽やかなクッキー。
甘さ控えめで、全粒粉の粉と
ココアのビターな風味が引き立ちます。
作り方⇒ P.43

20. 黒糖のサブレ

【材料】厚さ4mm、5×4cmの三角形50個分
バター（食塩不使用）… 30g
◎黒糖シロップ… 40g（計量）
　　黒糖… 30g
　　水… 15g
塩… 0.5g

A　アーモンドパウダー… 25g
　　薄力粉… 30g
　　ライ麦粉… 25g
　　コーンスターチ… 30g

卵液（全卵60g＋卵黄20g＋牛乳数滴）

【下準備】
・バターは室温に戻す。
・黒糖を水に溶かし、黒糖シロップを作る。
・Aを合わせてふるいにかける。
・卵液の材料をボウルに入れ、よく混ぜてこし器でこす。
・天板にオーブンシートを敷く。

【作り方】
1　ボウルにバターを入れ、黒糖シロップを少しずつ加えてゴムべらで、混ぜる。
2　塩を加えてさらによく混ぜる。
3　Aを加えて練らないように注意しながら、ゴムべらで混ぜる。
4　生地をまとめ、ビニールシートにはさむ。上からめん棒で押して、生地を広げる。
5　めん棒の端がのるように生地の両脇にバールを置き、厚さ4mmに均一にのす。バットなどにのせ、冷凍庫で1時間くらい冷やして生地が固くなったら取り出す。
6　台に取り出し、定規をあてながらパイカッター（a）で5×4cmに切り分け、さらに斜めに切って三角形にする。
7　天板に適度な間隔で並べ、フォークで空気穴をあける。表面に卵液を刷毛でぬり、160℃のオーブンで18分焼いて両面の焼き色を確認し、パレットナイフで取り出す。焼けていない場合はさらに数分焼いて焼き色を確認する。焼きあがったら、ケーキクーラーなどに置き、しっかり冷ます。

パイカッター
生地を直形や波形に切るのに便利なパイカッター。慣れると速くきれいにカットできるようになります。

21. さつまいもスティック

【材料】厚さ4mm、1.25×7cmを50本分
さつまいも（生）…1本
発酵バター、三温糖…各40g

A ┃ 薄力粉…100g
　 ┃ ベーキングパウダー…0.5g
　 ┃ 塩…0.3g

【下準備】
・さつまいもを丸ごとアルミホイルでくるんで200℃のオーブンで60分焼く（a）。
　すっと竹ぐしが通れば焼きあがり。
　バターを混ぜたとき溶けない温度まで冷ます。
・バターは室温に戻す。
・Aを合わせてふるいにかける。
・天板にオーブンシートを敷く。

a

【作り方】
1 焼いたさつまいもは皮をむき、フォークなどでつぶし、ペースト状にして100g用意する。
2 バターと三温糖を加えてゴムべらで混ぜる。
3 Aを加えてゴムべらで混ぜる。
4 生地をまとめ、ビニールシートにはさむ。上からめん棒で押して、生地を広げる。
5 めん棒の端がのるように生地の両脇にバールを置き、厚さ4mmに均一にのす。バットなどにのせ、冷凍庫で1時間くらい冷やして生地が固くなったら取り出す。
6 ビニールシートを外して台に取り出し、定規をあてながらパイカッターで2.5×7cmに切り分け、さらに半分に切って細い長方形にする。
7 天板に適度な間隔で並べ、170℃のオーブンで15分焼いて両面の焼き色を確認し、パレットナイフで取り出す。焼けていない場合はさらに数分焼いて焼き色を確認する。焼きあがったら、ケーキクーラーなどに置き、しっかり冷ます。

22. かぼちゃスティック

【材料】厚さ4mm、1.25×7cmを50本分
かぼちゃ（生）…¼個
さつまいもの代わりにかぼちゃを使う。
上記以外は「さつまいもスティック」参照。

【下準備】
・かぼちゃは種を取り除き、アルミホイルでくるんで200℃のオーブンで30分以上焼く。
　すっと竹ぐしが通れば焼きあがり。
　バターを混ぜたとき、溶けない温度まで冷ます。
・上記以外は「さつまいもスティック」同様に準備する。

【作り方】
上記を参照し、同様に作る。

23. ごぼうのクッキー

【材料】厚さ4mm、2.5×1.5cmを90個分
◎メープルシロップ… 50g（計量）
　メープルシュガー… 30g
　水… 30g

太白ごま油（白）… 55g
ごぼう… 40g
塩… 0.3g
A｜薄力粉… 60g
　｜強力粉… 50g
　｜コーンスターチ… 65g
メープルシロップ（仕上げ用）… 適量

【下準備】
・ごぼうは包丁の背で皮をむき、スライサーで薄くスライスする（a）。
・Aを合わせてふるいにかけ、ボウルに入れる。
・鍋にメープルシロップの材料を入れ、中火にかけて一度沸騰させる。50gを量り、残りは仕上げ用に取っておく。
・天板にオーブンシートを敷く。

【作り方】
1 ボウルにメープルシロップを50g入れ、太白ごま油を加えてゴムべらで混ぜ、乳化させる（b）。
2 ごぼうと塩を加えてよく混ぜる。
3 Aのボウルに2を加え、ゴムべらで混ぜる。
4 生地をビニールシートではさみ、めん棒で上から押して平らに広げる。
5 めん棒の端がのるように生地の両脇にバールを置き、厚さ4mmに均一にのす。バットなどにのせ、カットできる固さになるまで冷凍庫で1時間くらい冷やす。
6 台に取り出し、パイカッターで幅1.5cmの帯状にカットし、さらに2.5cmごとに斜めにカットする。天板に適度な間隔で並べ、仕上げ用のメープルシロップを刷毛でぬる。
7 170℃のオーブンで20分焼く。全体に焼き色がついたら焼きあがり。パレットナイフで取り出し、ケーキクーラーなどに置き、しっかり冷ます。

24. 全粒粉クッキー

【材料】厚さ4mm、4×3cmを35個分
バター（食塩不使用）… 20g
粉糖… 30g
太白ごま油（白）… 40g
卵白… 15g

A
薄力粉… 50g
全粒粉… 75g
塩… 0.3g
ココア（砂糖不使用）… 1.6g
ベーキングパウダー… 0.5g

【下準備】
・バターは室温に戻す。
・卵白は必要な分量を量り、よく溶きほぐす。
・合わせたA、粉糖はふるいにかける。
・天板にオーブンシートを敷く。

【作り方】
1 ボウルにバターを入れ、ゴムべらでほぐす。
2 粉糖を加え、空気を入れないように意識して、ゴムべらで生地を押さえるように混ぜる。
3 太白ごま油を3回くらいに分けて加え、そのつどよく混ぜて乳化させる。
4 卵白を半分ずつ加えて、そのつどゴムべらで、よく混ぜる。
5 Aを加えて練らないように注意しながら、ゴムべらでよく混ぜる。
6 生地をまとめ、ビニールシートにはさむ。上からめん棒で押して、生地を広げる。
7 めん棒の端がのるように生地の両脇にバールを置き、厚さ4mmに均一にのす。バットなどにのせ、冷凍庫で1時間くらい冷やして生地が固くなったら取り出す。生地がやわらかくなりやすいのでしっかり冷やし固める。
8 台に取り出し、定規をあてながらパイカッターで4×3cmに切り分ける。生地がもろいため、割れないように注意する。
天板に適度な間隔で並べ、フォークで穴をあける。
9 180℃のオーブンで10分焼いて全体が乾いてうっすら焼き色がついたらパレットナイフで取り出す。焼けていないものはさらに数分焼いて焼き色を確認する。焼きあがったら、ケーキクーラーなどに置き、しっかり冷ます。

25.
プレーンショートブレッド

ショートブレッドはスコットランドの伝統菓子。
積み木のような四角い形とバターがたっぷりの
サクサクした食感は、ティータイムに欠かせない存在です。
作り方⇒ P.46

26.
レモンのショートブレッド

小さくカットしたショートブレッドに
レモン風味のアイシングをつけて華やかにしました。
レモンの皮も乾燥させて上にのせ、アクセントに。
作り方⇒ P.46

25. プレーンショートブレッド

【材料】厚さ1cm、1.5×7cmの棒状を30本分
バター（食塩不使用）…130g

A
- 薄力粉…200g
- 米粉…50g
- 粉糖…55g
- 塩…1.5g

牛乳…30g

【下準備】
・バターは使う直前まで冷蔵庫で冷やす。
・**A**を合わせてふるいにかける。
・天板にオーブンシートを敷く。

> フードプロセッサーがない場合はなるべく細かくカットする。

1 **A**のボウルにバターを入れ、周りに粉を絡める。

2 バターを台に取り出して1cm幅の棒状にカットし、再度**A**のボウルに入れて、切り口に粉を絡める。

3 バターを台に取り出して、1cm角にカットする。

4 **A**のボウルに**3**を入れて、切り口に粉を絡め、冷凍庫で1時間くらい冷やして指でつぶれない固さまで冷やす。

5 フードプロセッサーに**4**を入れ、撹拌する。フードプロセッサーがない場合はカードを使ってバターを細かくする。

6 バターの塊が手に残らなければ撹拌終了。

---

26. レモンのショートブレッド

【材料】厚さ1cm、1.5×3.5cmの棒状を60個分
レモンの皮…2個分
◎レモンアイシング
- 粉糖…80g
- レモン汁…16g

レモンの皮（飾り用）…適宜
上記以外は「プレーンショートブレッド」参照。

【下準備】
・レモンの皮はゼスター（P.23参照）ですりおろし、しばらく置いて乾燥させる（**a**）。
・天板にオーブンシートを敷く。
・上記以外は「プレーンショートブレッド」同様に準備する。

7

ボウルに **6** を移し、牛乳を加える。**6** が冷たすぎるとまとまり難いので注意。

8

ゴムべらで底からさっくりと混ぜる。

9

> どうしても生地がまとまらないときは牛乳を数滴加える

バターが溶けないように手でにぎって放すをくり返し、生地をまとめる。粉っぽさがなくなったら混ぜ終わり。

10

生地を四角くまとめ、ビニールシートではさみ、めん棒で上から押して平らにのす。

11

めん棒の端がのるように生地の両脇にバールを置き、厚さ1cmに均一にのす。バットなどにのせ、カットできる固さになるまで冷凍庫で1時間くらい冷やす。

12

台に取り出し、生地端が直線になるように4辺を切り落とす。定規で測り、同じ大きさになるように印をつけてカットする。

13

天板に並べ、フォークで空気穴をあける。130℃のオーブンで60分焼く。焼き色がほぼつかないため、1本割ってみて中心に火が通っていたら焼きあがり。パレットナイフで取り出し、ケーキクーラーなどに置き、しっかり冷ます。

【作り方】

1 レモンの皮を加え、上記の **1〜9** を参照して材料を混ぜる。
2 上記の **10〜13** を参照して焼きあげて冷ます（**12**でカットするとき、長さは半分にする）。
3 ボウルに粉糖とレモン汁を入れ、ゴムべらで混ぜてよく練り、アイシングを作る（**b**）。
4 **2**を持ち、片側にアイシングをつけて返す（**c**、**d**）。バットなどにのせ乾くまで常温におく。このときアイシングが流れてくるとゆるい証拠。よく練って表面にアイシングがとどまる固さに調整する（**e**）。アイシングが乾く前にレモンの皮をのせる。

b

c

d

e

ゆるい状態　　よい固さ

まるめるクッキー

口の中でほろほろと歯ざわりの良い食感。
手の中で、ころころと転がして成形します。
型がなくてもかわいらしく作れるので、とっても手軽です。

27.
スノーボール

ころんと丸めて焼きあげ、真っ白な粉糖を
まぶした人気のクッキー。
コーヒーにも紅茶にもよく合います。
作り方⇒ P.50

28.
くるみうぐいすのスノーボール

生地に入れたくるみのザクザク感とやさしい甘さの
うぐいすきなこがよく合います。見た目もきれいな
グリーンなので、プレゼントにもおすすめです。
作り方⇒ P.51

27. スノーボール

【材料】5g分割60個分
バター（食塩不使用）…100g
粉糖…27g
A ┃ アーモンドパウダー…50g
　┃ 薄力粉…85g
　┃ コーンスターチ…40g
　┃ 塩…1g
粉糖（仕上げ用）…70g（目安）

【下準備】
・バターは室温に戻す。
・合わせたA、粉糖はふるいにかける
・天板にオーブンシートを敷く。

ボウルにバターを入れ、ゴムべらでほぐす。

粉糖を加え、空気を入れないようにゴムべらで混ぜる。

生地がまとまって、ボウルの底が見えるようになったら混ぜ終わり。

Aを一気に加え、ゴムべらで生地を切るように2回混ぜ、3回目で生地を返す。1、2、3の一定のリズムで練らないように混ぜ合わせる。

生地がゴムべらについて混ぜにくくなったら、ゴムべらについた生地をカードで集める。

ゴムべらの面を使い、生地を手前に少しずつくずしながら移動させて、生地全体が、なめらかになるようにする。

生地がまとまってボウルからはがれるようになったら、混ぜ終わり。

ビニールシートに生地をはさんで、上からめん棒で押し、厚みを均一にしたらバットなどに入れて冷蔵庫に入れ、1時間以上、しっかりと冷やす。

カードを使い、小さく分割する。

9で分割した生地をスケールにのせて、5gずつ量る。

両手のひらではさんで転がし、丸めたら、天板に間隔を広めにとりながら置く。

160℃のオーブンで10分焼く。天板の前後を入れ替えてさらに3〜5分焼く。表面に焼き色がつき、割ってみて中の水分がなければ焼きあがり。焼きあがったら、ケーキクーラーなどに置き、しっかり冷ます。

仕上げ用粉糖を入れたボウルに、12を入れ、手でふわっとかき混ぜて粉砂糖を周りにまぶす。

手のひらにのせ、片手で転がして余分な粉を落とす。

粉砂糖をなるべく1mm以内の厚さで薄くまぶすのがポイント。

28. くるみうぐいすのスノーボール

【材料】5g分割約68個分
くるみ… 40g
ブラウンシュガー… 27g
A うぐいすきなこ… 50g
　 粉糖… 25g
粉糖をブラウンシュガーに替える。
上記以外はP.50「スノーボール」参照。

a

【下準備】
・くるみは170℃のオーブンで10分焼いて冷まし、細かく刻む。
・Aの材料を混ぜ合わせてふるいにかける（a）。
・上記以外はP.50「スノーボール」同様に準備する。

【作り方】
1 P.50の1〜6を参照して混ぜる。
2 くるみを加えてゴムべらで混ぜ、全体をしっかりとまとめる。
3 P.50〜51の8〜12を参照して成形し、焼きあげる。13〜14を参照し、粉糖をAに替えて周りにまぶす。

29.
チーズボールクッキー（白ごま／ローズマリー）

チーズの香りが口の中にふんわり広がる甘さ控えめのクッキーです。
白ごまの食感と香ばしさで、つい手が伸びてしまいます。
チーズとローズマリーは相性も抜群で、ワインを片手に食べたくなります。

29. チーズボールクッキー（白ごま／ローズマリー）

❖ 白ごま

【材料】5g 分割を 60 個分

バター（食塩不使用）… 90g
グラニュー糖… 20g
A ｜ 薄力粉… 125g
　｜ ベーキングパウダー… 1g
　｜ 粉末パルメザンチーズ
　　　（セルロース不使用）… 80g
白ごま… 適量

【下準備】
・バターは室温に戻す。
・A を合わせてふるいにかける。
・天板にオーブンシートを敷く。

【作り方】

1 ボウルにバターを入れ、ゴムべらでほぐす。
2 グラニュー糖を加え、空気を入れないようにゴムべらで混ぜる。
3 A を一気に加え、ゴムべらで生地を切るように 2 回混ぜ、3 回めで生地を返す。1、2、3 の一定のリズムで、練らないように混ぜ合わせる。
4 生地がゴムべらについて混ぜにくくなったら、ゴムべらについた生地をカードで集める。
5 ゴムべらの面を使い、生地を手前に少しずつくずしながら移動させて、生地全体がなめらかになるようにする。
6 生地がまとまってボウルからはがれるようになったら、混ぜ終わり。
7 ビニールシートに生地をはさんで、上からめん棒で押し、厚みを均一にしたらバットなどに入れて冷蔵庫に入れ、半日〜ひと晩しっかりと冷やす。カードを使い、小さく分割する。
8 P.51「スノーボール」の 10 を参照して、5g ずつ量る。
9 バットに白ごまを入れ、生地の片面を押しつけるようにして白ごまをつけながら丸め、天板に間隔を広めにとりながら置く。
10 170℃のオーブンで 15 分焼く。天板の前後を入れ替えてさらに数分焼く。表面に焼き色がつき、割ってみて中の水分がなければ焼きあがり。パレットナイフで取り出し、焼きあがったら、ケーキクーラーなどに置き、しっかり冷ます。

❖ ローズマリー

【材料】5g 分割を 60 個分

ローズマリー（フレッシュ）… 適量
上記以外は「白ごま」参照。

【下準備】
・ローズマリーは細かく刻む。
・上記以外は「白ごま」同様に準備する。

【作り方】

1 上記の 1〜6 を参照して材料を混ぜる。
2 上記の 7〜8 を参照して分割する。
3 バットに刻んだローズマリーを入れ、生地の片面を押しつけるようにしてローズマリーをつけながら丸め、天板に間隔を広めにとりながら置く。
4 上記の 10 を参照して焼きあげる。

スプーンを使った
クッキー

液体に近い生地をスプーンで落として焼くタイプのクッキーです。
生地を薄く焼いたり、ドライフルーツやナッツを
ごろっと入れたりすることができます。

30.
オレンジアーモンドチュイール

フランス語で瓦を意味するチュイールは、名前の通り
くるんとしたカーブが特徴。アーモンド入りの
薄焼き生地はサクサクと軽い口あたりです。
作り方⇒ P.56

31.
ごまジンジャーチュイール

薄い生地とごまのプチプチした食感が楽しいクッキーです。
ごまを白と黒の2種類加えて、
見た目にも香ばしい仕上がりです。
作り方⇒ P.57

30.
オレンジアーモンドチュイール

【材料】直径5cmを60枚分
バター（食塩不使用）…50g
グラニュー糖…125g
卵白…40g
オレンジ果汁…50g
オレンジの皮…1個分
薄力粉…40g
アーモンドスライス…63g

【下準備】
・卵白は必要な分量を量り、よく溶きほぐす。
・薄力粉はふるいにかける。
・オレンジの皮はゼスターで削り（**a**）、果汁をしぼる。
・オーブンは160℃に温めておく。

1　小鍋にバターを入れて中火にかけ、泡立ってうっすら色がついてきたら火からおろす。

2　氷水にあてて粗熱をとる。

3　ボウルにグラニュー糖と卵白を入れる。

4　グラニュー糖のざらつきがなくなるまで、湯せんにかけて大きな泡が立たないようにゆっくりと混ぜ合わせる。

静かに泡立てるとキメの細かい泡になる

5　湯せんを外して、泡のキメを整える。

6　オレンジ果汁を加え、泡立て器で混ぜ合わせる。

7　薄力粉を加えてゴムべらで混ぜ合わせる。

8　2を加え、ゴムべらで混ぜ合わせる。

9　オレンジの皮を加える。

さらにアーモンドスライスを加える。

ボウルを氷水にあててゴムべらで混ぜ合わせる。

全体にとろみがつくまで冷やす。

12をスプーンですくい、天板の上に間隔をあけて落とす。

焼きあがりは広がるので、十分に間隔をあける。

160℃のオーブンで15分くらい焼き、焼けたものからパレットナイフでめん棒の上にのせ、カーブがつくように軽く押し、めん棒から外してケーキクーラーなどに置き、しっかり冷ます。

31. ごまジンジャーチュイール

【材料】直径2.5cmを100枚分
バター（食塩不使用）… 50g
グラニュー糖… 100g
卵白… 90g
A｜薄力粉… 35g
　｜ジンジャーパウダー… 5g
白ごま… 40g
黒ごま… 23g

【下準備】
・卵白は必要な分量を量り、よく溶きほぐす。
・Aを合わせてふるいにかける。
・白ごま、黒ごまは合わせてフライパンで軽く炒る。
・天板にオーブンシートを敷く。

【作り方】
1 P.56の1〜5を参照して同様に生地を混ぜる。Aを加えてゴムべらで混ぜ合わせる。
2 ごまを加えてさらによく混ぜる。
3 P.56の8を参照してバターを加え、ゴムべらで混ぜ合わせる。
4 上記の11〜12を参照し、とろみがつくまで冷やす。
5 スプーンですくい、天板に間隔をあけて落とす。
6 160℃のオーブンで15分焼き、全体に焼き色が
7 ついたら焼きあがり。パレットナイフで取り出す。焼けていないものはさらに数分焼いて焼き色を確認する。焼きあがったら、ケーキクーラーなどに置き、しっかり冷ます。

32.
レーズンの
ロイヤルドロップクッキー

りんごジュースにはちみつ、レーズンを使った
やさしい甘さが特徴です。ドライフルーツを包みこむ、
軽い生地がおいしさの秘訣です。

作り方⇒ P.60

33.
いちじくの
ロイヤルドロップクッキー

いちじくのプチプチとした食感とロイヤルティーヌの
サクサク感が心地よいクッキー。
生クリームを加えたリッチな風味です。

作り方⇒ P.60

34.
クロッカン

フランス語で「カリカリとした」という意味のクロッカン。
アーモンドに生地を薄くコーティングしたような軽やかさで、
名前の通りの食感を楽しめます。
作り方⇒ P.61

32. レーズンのロイヤルドロップクッキー

【材料】直径3cmを46個分

A
- 太白ごま油(白)… 35g
- はちみつ… 30g
- りんごジュース(果汁100%)… 70g

塩… 0.3g
レーズン… 50g

B
- 薄力粉… 100g
- アーモンドパウダー… 25g
- ベーキングパウダー… 1.5g

ロイヤルティーヌ(P.23参照)… 40g

【下準備】
- Bを合わせてふるいにかける。
- オーブンは170℃に温めておく。
- 天板にオーブンシートを敷く。

【作り方】
1. ボウルにAを入れ、泡立て器で混ぜて、乳化させる。
2. 塩、レーズンを加えてゴムべらでよく混ぜる。
3. Bを加えて、ゴムべらでさっと混ぜ合わせる。ロイヤルティーヌを加えてゴムべらで手早く混ぜる。
4. スプーンですくい、天板の上に間隔をあけて小さく薄く落とす。
5. 170℃のオーブンで15分焼く。1枚取り出して半分に割り、中心まで火が通っていたらパレットナイフで取り出す。焼けていないものはさらに数分焼いて同様に確認する。焼きあがったら、ケーキクーラーなどに置き、しっかり冷ます。

33. いちじくのロイヤルドロップクッキー

【材料】直径4cmを30個分

A
- 太白ごま油(白)… 35g
- はちみつ… 30g
- 生クリーム… 70g

塩… 0.3g

B
- 薄力粉… 100g
- アーモンドパウダー… 25g
- ベーキングパウダー… 1.5g

ロイヤルティーヌ… 40g

◎シロップ
- グラニュー糖… 50g
- 水… 50g

いちじく(セミドライ)… 50g
ブラウンシュガー(仕上げ用)… 適量

【下準備】
- シロップの材料を沸かし、細かく刻んだいちじくを加えて一晩漬けこむ。
- 上記以外は「レーズンのロイヤルドロップクッキー」同様に準備する。

【作り方】
1. ボウルにAを入れ、泡立て器で混ぜて、乳化させる。
2. 塩を加えてゴムべらでよく混ぜる。
3. いちじくを飾り用に30片残し、残りを加えてゴムべらでさっと混ぜる。
4. 上記の3〜4を参照し、天板に生地を落とす。飾り用のいちじくを上からのせて生地に埋めるように指で軽く押す。上からブラウンシュガーをふる。
5. 上記の5を参照し、同様に焼きあげる。

34. クロッカン

【材料】直径3.5cmを35枚分
アーモンド(生)…35g
粉糖…60g
卵白…25g
薄力粉…25g
全卵(仕上げ用)…適量

【下準備】
・アーモンドを細かく刻む。
　好みの多きさでよいが、細かい方が
　全体にいきわたる。
・卵白は必要な分量を量り、よく溶きほぐす。
・粉糖、薄力粉はそれぞれふるいにかける。
・全卵はよく溶きほぐす。
・オーブンは170℃に温めておく。
・天板にオーブンシートを敷く。

【作り方】
1 アーモンドを入れ、粉糖を加える。アーモンドを粉糖でコーティングするようにゴムべらで混ぜる。
2 卵白を加え、ゴムべらで混ぜてなじませる。
3 薄力粉を加えてゴムべらでさっと混ぜ合わせる(a)。
4 3をスプーンですくい、天板の上に間隔をあけて落とす。なるべく薄く同じ大きさになるように落とす。
5 表面に全卵を刷毛でぬり、170℃のオーブンで10分焼く。きれいな焼き色が全体につき、特にキレツ部分にしっかりと色がついたらパレットナイフで取り出す。焼けていない場合はさらに数分焼いて焼き色を確認する。焼きあがったら、ケーキクーラーなどに置き、しっかり冷ます。

しぼり出しクッキー

空気をたっぷり含ませた生地をしぼり出して、
焼きあげるクッキーです。どれも星口金を使用。
同じしぼり口金を使っていても、しぼり方を変えるだけで、
表情の違うクッキーが作れます。

35.
ヴィクトリア

36.
メープル

中心にのせたジャムがポイント。
お好みのジャムでよいですが、
赤い色味だと目をひく仕上がりになります。
作り方⇒ P.64

メープルシュガーを使ったクッキー。
ほんのりと香るメープルが、上品な風味を
生み出します。左右にしぼるだけで、エレガントに。
作り方⇒ P.65

37.
アニス

ココアベースの生地にほんのりとアニスを
プラスして。形が揃うように長くしぼり、
半分にカットしています。
作り方⇒ P.65

38.
スパイス

お好みのスパイスでもよいですが、
今回はシナモンを使用。一粒にしぼった小さめサイズは、
箱詰めのときのすき間を埋めるのに活躍します。
作り方⇒ P.65

35. ヴィクトリア

【材料】直径2.5cmを70個分
バター（食塩不使用）… 100g
粉糖… 43g
塩… 1.6g
卵白… 26g
薄力粉… 120g
好みのジャム… 適宜

【下準備】
・バターは室温に戻す。
・卵白は必要な分量を量り、よく溶きほぐす。
・粉糖、薄力粉はそれぞれふるいにかける。
・オーブンは160℃に温めておく。
・天板にオーブンシートを敷く。

ボウルにゴムべらでやっとつぶれるくらいの固さのバターを入れ、ゴムべらでほぐす。粉糖、塩を加え、ゴムべらで生地を押さえるように混ぜる。

全体になじんだら、ハンドミキサー（高速）に替え、5分を目安に混ぜる。

空気を含んで生地が白っぽくなったところ。

途中で生地がやわらかくなり、ツノが長くなったら氷水にあてて、しっかりツノが立つまで泡立てる。

ここでも生地がやわらかくなったら、氷水にあてる

卵白を半量加え、ハンドミキサー（高速）で1〜2分泡立てる。分離しなくなったら残りの卵白を加えて同様に泡立てる。

卵白が完全に混ざり、しっかりとしたツノが立つようになったら泡立て終わり。

薄力粉を一気に加えて、ゴムべらで、生地を切るように2回混ぜ、3回めで生地を返す。1、2、3の一定のリズムで、練らないように混ぜ合わせる。

粉気がなくなり、生地がゴムべらについて混ぜにくくなったら終わりの合図。カードでゴムべらについた生地をとる。

ゴムべらの面を使い、生地を手前に少しずつくずしながら移動させて、生地全体に気泡を残しながら、ムラなく、均一になるようにする。

星口金8-6をつけたしぼり袋に生地を入れ、天板に適度な間隔で円形にしぼる。残った生地は別のシートに同様にしぼる。(しぼり方はP.66〜67参照)

160℃のオーブンで15分焼いて取り出し、スプーンで生地の中央にジャムをのせる。再びオーブンに入れ、約5分焼く。

ジャムが沸騰してはじけたら、パレットナイフで取り出す。焼きあがったものから、ケーキクーラーなどに置き、しっかり冷ます。

> ジャムがベタつかない焼き上がりにすることが大切。

36. メープル／38. スパイス

【材料】メープル：3×5cmを36個分（スパイス：直径1cmを200個）
［メープル］
バター（食塩不使用）… 100g
粉糖… 14g　メープルシュガー… 30g
塩… 1.6g　卵白… 26g　薄力粉… 120g

［スパイス］
シナモン… 5g
上記とジャム以外はP.64「ヴィクトリア」参照。

【下準備】
・P.64「ヴィクトリア」同様に準備する。

【作り方】
1 P.64の**1**を参照し、同様にバターをほぐし、粉糖、メープルシュガー、塩を加え、ゴムべらで生地を押さえるように混ぜる（「スパイス」はメープルシュガーを入れずシナモンを加える）。
2 P.64の**2〜9**を参照し、同様に生地を作り、生地をしぼる（P.66〜67参照）。
3 160℃のオーブンで20分焼く。全体の焼き色を確認し、パレットナイフで取り出す。焼けていないものはさらに数分焼いて確認する。焼きあがったら、ケーキクーラーなどに置き、しっかり冷ます。

> 甘さが足りなければ、焼成後粗熱を取り、粉糖をまぶしてもよい。

37. アニス

【材料】7cmを130本分
バター（食塩不使用）… 120g
粉糖… 120g
塩… 2g
卵白… 45g
A（薄力粉150g＋ココア30g＋アニス2g）
粉糖（仕上げ用）… 適量

【下準備】
・Aを合わせてふるいにかける。
・オーブンは170℃に温めておく。
・上記以外はP.64「ヴィクトリア」同様に準備する。

【作り方】
1 P.64の**1〜6**同様に生地を泡立てる。
2 P.64の**7**で薄力粉の替わりに**A**を一気に加えて、**8〜9**同様に混ぜ合わせる。
3 星口金8-6をつけたしぼり袋に生地を入れ、天板に適度な間隔をあけてしぼる（P.66〜67参照）。残った生地は別のシートに同様にしぼり、冷凍庫で冷やしておく。
4 170℃のオーブンで8分焼いて天板の前後を返してさらに5分焼く。全体の焼き色を確認し、焼けていないものはさらに数分焼いて確認する。焼きあがったら、ケーキクーラーなどに置き、しっかり冷ます。
5 粉糖を茶こしでふる。

しぼり出しクッキー

生地のしぼり方とバリエーション

しぼり袋の扱い方や生地のしぼり方のポイントを押さえて、
いろいろな形にチャレンジしましょう。

シェル　　流れ星　　リング　　星リング

しぼり袋の使い方

1. 本書では星形の口金は8-6（8切、6mm口径）を使用（**a**）。しぼり袋に口金を入れ、片手で口金を押さえながら袋を引っぱり、袋の先に固定する（**b**）。
2. しぼり袋の口を先の方まで折り（**c**）、生地を入れる（**d**）。最後まできれいにしぼるには、袋全体に生地を入れずに、なるべく下の方に生地を入れる。
3. 口金の先から生地が出るまで、袋をねじる（**e**）。ねじった部分を利き手の親指と人差し指ではさみ、ねじった部分が指の上に出るまで反対の手で袋をひっぱる。しぼり袋は常にしっかりと張った状態でしぼる（**f**）。

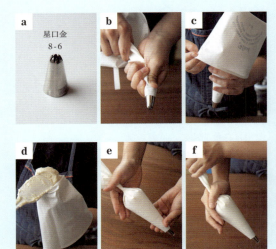

しぼり方

35. ヴィクトリア
【ローズ】

1. 天板から5mm上にしぼり袋を垂直にかまえ、最後まで口金の高さを変えずにのの字を描くようにしぼる。
2. しぼり始めと終わりがきっちり重なり、きれいな円になったらOK。

36. メープル
【波形】

1. 天板から5mm上にしぼり袋を垂直にかまえ、口金の高さを変えずに左右同じ幅にジグザグにしぼる。
2. 5回カーブをくり返したら、しぼり終わり。

37. アニス
【ライン】

1. 斜め45℃くらいにかまえ、進行方向にしぼり袋をかたむけ、左から右へ1本しぼる。
2. 2本分の長さをしぼったら冷凍庫で固まるまで冷やし、半分にカットする。

38. スパイス
【星】

1. 天板から5mm上にしぼり袋を垂直にかまえ、口金の高さを変えずにしぼり出す。
2. 口金の高さまで生地をしぼったら、力を抜き、上に引き上げる。

【シェル】

1. 天板に口金をつけ、しぼり袋を斜め45℃くらいにかまえ、奥から手前に同じ力でしぼりながらすっと動かす。
2. 手前に返したらすぐに力を抜きながら、生地が薄くなるように天板に口金をつけて生地を切る。

【流れ星】

1. 天板から5mm上にしぼり袋を垂直にかまえ、口金の高さを変えずにしぼり出し、垂直に上げる。
2. 大、中、小と少しずつ星が小さくなるようにしぼる。
＊焼きあがりで生地が広がったときにつながるように少しすき間をあけるのがきれいに仕上げるコツ。

【リング】

1. セルクルに粉をつけて天板に落とし、ガイドラインをつける。しぼり袋を垂直にかまえ、少し高い位置から、口金の太さで垂らした生地を置いていくようにしぼる。
2. しぼり終わりは、垂らした生地がちょうどつながるようにする。

【星リング】

1. セルクルに粉をつけて天板に落とし、ガイドラインをつける。天板から5mm上にしぼり袋を垂直にかまえ、口金の高さを変えずにしぼり出す。
2. 星形が同じ大きさになるようにリング状にしぼる。
＊1粒ごとに少しすき間をあけるときれいに仕上がる。

しぼり出しクッキー 67

39.
レモンのメレンゲ

低温でじっくり焼くと、
色がきれいで日持ちします。湿気やすいので、
密閉容器に乾燥剤を多めに入れて保管してください。
作り方⇒ P.72

40.
コーヒーのメレンゲ

軽やかな食べ応えなのに、しっかりとコーヒーの味が
感じられます。コーヒーの替わりに
粉末にした紅茶を加えるのもおすすめです。
作り方⇒ P.72

41.
クミンのビスキュイ

クミンの香りがクセになり、
つい手が伸びてしまう、ひと口サイズのクッキーです。
作り方⇒ P.73

42.
紅茶のビスキュイ

紅茶の味わいが口全体に広がる
軽い食感のクッキーです。
作り方⇒ P.73

43.
プラリネサンドのラング ド シャ

フランス語で猫の舌の意味を持つラング ド シャ。
薄焼きで軽く、白っぽい生地の周りに
うっすらと焼き色がついたらおいしく焼けたサインです。
作り方⇒ P.74

44.
ハーブティーのラングドシャ

プラリネサンドと同じ生地にハーブティーをのせて
焼きあげました。薄い生地だからこそ、
しっかりとハーブティーの香りが感じられます。
作り方⇒ P.75

39. レモンのメレンゲ

【材料】直径2cmを70個分
卵白… 30g
レモン汁… 10g
グラニュー糖… 45g
粉糖… 25g
レモンの皮… 1個分

【下準備】
・レモンの皮はゼスター（P.23参照）で削り、果汁をしぼる。
・卵白は必要な分量を量る。
・粉糖はふるいにかける。
・オーブンは100℃に温めておく。
・天板にオーブンシートを敷く。

【作り方】
1 ボウルに卵白とレモン汁を入れ、グラニュー糖をひとつまみ加えてハンドミキサー（高速）で白っぽくなるまで30秒〜1分くらい泡立てる。
2 残りのグラニュー糖を加え、ハンドミキサー（低速）で5分泡立て、キメの細かいメレンゲにする。
3 粉糖とレモンの皮を加えてゴムべらでさっと混ぜ合わせる。
4 直径1cmの丸口金をつけたしぼり袋に生地を入れ、天板に適度な間隔をあけ、直径2cmを目安に好きな形にしぼる（P.66〜67参照）。残った生地は別のシートに同様にしぼっておく。
5 100℃のオーブンで150分焼く。1個取り出して割り、中心が乾いていれば焼き上がり。オーブンに入れたまま、しっかり冷ます。

＊湿気に弱いため、乾燥剤を多めに入れ、必ず密閉容器に入れる。

40. コーヒーのメレンゲ

【材料】2.5×3.5cmを70個分
卵白… 40g
グラニュー糖… 40g
粉糖… 25g
インスタントコーヒー… 3g

【下準備】
・卵白は必要な分量を量る。
・粉糖はふるいにかける。
・オーブンは100℃に温めておく。
・天板にオーブンシートを敷く。

【作り方】
1 ボウルに卵白を入れ、グラニュー糖をひとつまみ加えてハンドミキサー（高速）で白っぽくなるまで30秒〜1分くらい泡立てる。
2 残りのグラニュー糖を加え、ハンドミキサー（低速）で5分泡立て、キメの細かいメレンゲにする。
3 粉糖とコーヒーを加えてゴムべらでさっと混ぜる。
4 星口金12-8をつけたしぼり袋に生地を入れ、天板に適度な間隔をあけ、2.5×3.5cmを目安に好きな形にしぼる（P.66〜67参照）。残った生地は別のシートに同様にしぼっておく。
5 上記「レモンのメレンゲ」の5同様に焼きあげる。

＊湿気に弱いため、乾燥剤を多めに入れ、必ず密閉容器に入れる。

しぼった後にしぼり終わりのツノが垂れない固さにすること。

41. クミンのビスキュイ

【材料】直径3cmの丸型60個分
全卵…60g
グラニュー糖…70g
A ┃ 薄力粉…70g
  ┃ クミンパウダー（a）…3g

【下準備】
・卵は必要な分量を量る。
・Aを合わせてふるいにかける。
・オーブンは150℃に温めておく。
・天板にオーブンシートを敷く。

クミンパウダー
カレーの香りとしてなじみの深い香辛料。甘い生地とも相性がよく、スパイスクッキーによく使います。

【作り方】
1 ボウルに全卵、とグラニュー糖を入れて湯せんにかけながら、ハンドミキサー（高速）で5〜7分くらい泡立てる。
2 Aを加えてゴムべらで100回程度しっかりと混ぜる。
3 直径8mmの丸口金をつけたしぼり袋に生地を入れ、天板に適度な間隔をあけ、直径3cmを目安に丸型にしぼる（P.66〜67参照）。グラニュー糖（分量外）をふり、生地にさわって手につかなくなるまで、半日くらい常温に置いて乾かす（b）。
4 150℃のオーブンで15〜20分焼く。1個取り出して割り、中心が乾いていればパレットナイフで取り出す。焼けていないものはさらに数分焼いて同様に確認する。焼き色をあまりつけないように焼き過ぎに注意する。焼きあがったら、ケーキクーラーなどに置き、しっかり冷ます。

＊湿気に弱いため、乾燥剤を多めに入れ、必ず密閉容器に入れる。

42. 紅茶のビスキュイ

【材料】7cmを50本分
アールグレーティー（茶葉）…2g
クミンの代わりにアールグレーティーを使う。
上記以外は「クミンのビスキュイ」参照。

【下準備】
・アールグレーティーはミルで細かくする。
・Aの薄力粉と合わせてふるいにかける。
・上記以外は「クミンのビスキュイ」同様に準備する。

【作り方】
1 上記の1〜2を参照して同様に混ぜる。
2 上記の3を参照し、長さ7cmを目安に棒状にしぼる（P.66〜67参照）。同様に乾かす。
3 上記4を参照して同様に焼きあげる。

＊湿気に弱いため、乾燥剤を多めに入れ、必ず密閉容器に入れる。

しぼり出しクッキー

43.
プラリネサンドのラング ド シャ

【材料】直径2.5cmを29組分
バター（食塩不使用）…30g
粉糖…30g
アーモンドパウダー…15g
卵白…30g
A ┃ 薄力粉…15g
　 ┃ 強力粉…15g

◎プラリネクリーム
　アーモンドプラリネ…9g
　ホワイトチョコレート…18g

【下準備】
・バター、卵は室温に戻す。
・粉糖はふるいにかける。
・卵白は必要な分量を量り、よく溶きほぐす。
・ボウルにプラリネクリームの材料を入れ、湯せんにかけて混ぜる。
・Aを合わせてふるいにかける。
・オーブンは160℃に温めておく。
・天板にオーブンシートを敷く。

1 ボウルにバターを入れ、ゴムべらでほぐす。

2 粉糖を加える。

3 空気を入れないように意識して、ゴムべらで生地を押さえるように混ぜる。粉気がなくなり、なじんできたら、アーモンドパウダーを加えて同様に混ぜる。

4 卵白を少しずつ加える。

5 卵白を加えたら分離しなくなるまで混ぜる。加えるたびに同様によく混ぜる。

6 白っぽくなり、ボウルの底から生地がはがれるようになるまで混ぜて乳化させる。

残った生地は
別のシートに同様にしぼり、
冷蔵庫で冷やしておく。

7 Aを一気に加え、ゴムべらでさっと混ぜ合わせる。

8 粉気がなくなり、生地がまとまり、ボウルの底からはがれるようになったら混ぜ終わり。

9 直径1cmの丸口金をつけたしぼり袋に生地を入れ、天板に間隔を広めにとってしぼる（P.66〜67参照）。天板の上にしぼり袋を垂直にかまえ、直径1.5cmくらいの大きさに薄く円形にしぼる。

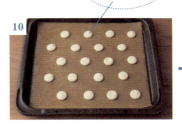

焼けていないものは
さらに2分程度焼いて
確認する。

10 160℃のオーブンで8分焼いて全体にうっすら焼き色がついていたらパレットナイフで取り出す。焼きあがったらケーキクーラーなどに置き、しっかり冷ます。

11 トレーに**10**を表側を上に一列、裏返して一列交互に並べ、裏側が上になったクッキーにスプーンでプラリネクリームをのせる。

12 クリームをのせたクッキーに、表側が上になったクッキーをのせてサンドし、冷蔵庫で3分程度冷やして固める。長く冷やすとしけるので注意する。

44. ハーブティーのラングドシャ

【材料】直径2.5cmを約58枚分
好みのハーブティー（りんごチップ、ラベンダー、
　ローズなど）…適宜
プラリネクリームと上記以外は
　「プラリネサンドのラングドシャ」参照。

【下準備】
・プラリネクリーム以外は
　「プラリネサンドのラングドシャ」同様に
　準備する。

【作り方】
1　P.74〜75の**1**〜**9**を参照し、生地をしぼり、刻んだハーブティーをのせる。
2　上記の**10**を参照し、焼きあがったら、ケーキクーラーなどに置き、しっかり冷ます。

しぼり出しクッキー　75

45.
チーズスティック

丸口金で細くしぼった棒状のクッキー。
チーズとスパイシーな黒こしょうがよく合います。
上にあしらったピンクペッパーで見た目も華やかに。

【材料】8cmの棒状40本分
バター（食塩不使用）…50g
グラニュー糖…7.5g
塩…1g
A ┃ 全卵…10g
  ┃ 生クリーム…10g
B ┃ 粉末パルメザンチーズ
  ┃ （セルロース不使用）…30g
  ┃ 薄力粉…50g
  ┃ 強力粉…11g
黒こしょう…適量
ピンクペッパー…適量

【下準備】
・バター、卵は室温に戻す。
・卵は必要な分量を量り、よく溶きほぐし、生クリームと合わせておく。
・薄力粉、強力粉は合わせてふるい、パルメザンチーズと合わせておく。
・オーブンは170℃に温めておく。
・天板にオーブンシートを敷く。

【作り方】
1 ボウルにバターを入れ、ゴムべらでほぐす。
2 グラニュー糖と塩を加え、空気を入れないように意識して、ゴムべらで生地を押さえるように混ぜる。
3 Aを少しずつ加えて、そのつどゴムべらでよく混ぜて乳化させる。
4 Bを一気に加えて、ゴムべらで、生地を切るように2回混ぜ、3回めで生地を返す。1、2、3の一定のリズムで、練らないように混ぜ合わせる。
5 粉気がなくなり、生地がゴムべらについて混ぜにくくなったら終わりの合図。カードでゴムべらについた生地をとる。
6 ゴムべらの面を使い、生地を手前に少しずつくずしながら移動させて、生地全体がムラのないようにする。
7 黒こしょうを好みの量加えて軽く混ぜる。
8 直径6mmの丸口金をつけたしぼり袋に生地を入れ（P.66参照）、天板に間隔を広めにとってしぼる。天板の上にしぼり袋を斜め45℃くらいにかまえ、左から右へすーっと1本まっすぐに線を引くようにしぼる。残った生地も別のシートに同様にしぼり、冷蔵庫で冷やしておく。
9 ピンクペッパーをつまみ、指先ですりつぶしながら、のせる。
10 170℃のオーブンで10分焼く。全体の焼き色を確認し、パレットナイフで取り出す。焼けていないものはさらに数分焼いて確認する。焼きあがったら、ケーキクーラーなどに置き、しっかり冷ます。

Column
箱詰めクッキーの作り方

ここでは、少ない種類でもきれいに詰められるちょっとしたテクニックや、いろんな形の空き缶を利用した手軽に取り入れられるアイディアをご紹介します。贈り物はもちろん、自分へのごほうびなど、「おうちクッキー」を特別にさせたいときにぜひ、チャレンジしてみてください。

基本の詰め方

まずはクッキー3種類（P.80）を使った、基本の詰め方をご紹介します。
クッキーをきれいに見せるためには、すき間なく詰めるのがポイントです。
容器は家にあるお好みの缶でも大丈夫ですが、密閉性の高い缶がおすすめです。
コツをつかんだら、好きな形のクッキーを詰めて、楽しんでください。

1

お好みの缶を用意。ここでは角缶（8×11×3cm）を使用。すぐに食べない場合は乾燥剤を入れ、缶のサイズに合わせてロウ引き紙（耐油性の紙なら何でもOK）をカットする。
＊ロウ引き紙の両端は最後にふたになるようにかぶせるので、少し長めにしておく。底の大きさに合わせて折り目をつける。

2

フチドリを入れる。大きめサイズのクッキーを端から入れるとバランスが取りやすい。また、円形で安定感がないクッキーは、下に1枚敷いてから斜めに並べるとずれにくい。

3

ピーカンナッツクッキーを立てて2枚入れる。

4

ピーカンナッツクッキーの表側を上にして上下に2枚ずつ並べる。同じクッキーを平置きと縦置きのように違う面を見せて入れると動きが出る。上段は最後にバランスを見て調整するので3枚めはのせずにおく。

5

アニスを入れる。一番上は焼き色や形がきれいなクッキーを選び、あけておいたスペースにそれぞれおさまりのよいものを入れる。最後にすき間がないか全体を確認して、気になるところは置き方やクッキーを替える。

6

1のロウ引き紙でクッキーを覆い、しっかりとふたを閉めたら完成。

角缶を使った詰め方バリエーション

基本の詰め方に使用した角缶（8×11×3cm）に2種類、3種類のクッキーを詰め合わせました。
形、彩り、味の組み合わせなど、ひと缶ごとに異なるクッキーを詰め合わせれば、
贈るのはもちろん、見ているだけでも楽しめます。

2種類詰めBOX

●チーズサブレにチーズスティックなど、チーズ味で統一したおつまみにも最適なひと箱。四角いクッキーは平置きや縦置きなど、角のある箱へ入れる際、すき間なく詰められるので便利。
⇒チーズサブレ・プレーン（P.20）、チーズスティック（P.76）

●黒糖のサブレといちじくのロイヤルドロップクッキーを敷き詰めた、やさしい甘みが感じられる組み合わせ。三角形のクッキーをあらかじめ角に合わせて入れるとスペースの振り分けがスムーズに。
⇒黒糖のサブレ（P.36）、いちじくのロイヤルドロップクッキー（P.58）

●全粒粉クッキーは平置きと縦置きで変化を出し、すき間がないよう、スペース配分を考えて配置。同じ種類のクッキーで、いくつかアレンジを用意しておくとよいでしょう。
⇒全粒粉クッキー（P.35）、しぼり出しクッキー（P.62～63、66）

3種類詰めBOX

●サイズの異なるスクエア形のクッキーを詰め合わせました。ポイントはサンドしたクッキーの表面と側面を見せるように入れること。表面と側面で表情の異なるクッキーがあると便利。
⇒プレーンショートブレッド（P.44）、レモンのショートブレッド（P.45）、エンガディナー（P.88）

●サンドタイプのクッキーははさんだ面が見えるように並べても。メレンゲなど、ふっくらとした形を入れる場合、重ねるときにすき間ができないように入れる向きを工夫しましょう。
⇒プラリネサンドのラング ド シャ（P.70）、レモンのメレンゲ（P.68）、レモンシュガーサンド（P.17）

●基本の詰め方（P.79）で紹介した組み合わせです。ちょっぴり大人のフレーバーで、見た目も3色入っているのでバランスのよいボックスに仕上がります。
⇒フチドリ（P.34）、ピーカンナッツクッキー（P.29）、アニス（P.63）

●ポルボロンの月形に円形をパズルのように合わせて。すき間に小さなコーヒーのメレンゲを詰めれば完成です。

●小さな丸缶には1種類のクッキーを。スノーボールやチョコサンドチョコなど厚みのあるクッキーをランダムに詰めました。

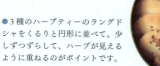

●3種のハーブティーのラングドシャをくるりと円形に並べて。少しずつずらして、ハーブが見えるように重ねるのがポイントです。

いろいろな形の缶に合わせた詰め方アレンジ

形やパッケージがかわいい缶はついストックしてしまうもの。そこで、おうちの缶を使った詰め方のアレンジをご紹介します。どんな形でもすき間を見つけて上手に埋めるときれいに詰められます。

●楕円の缶には6種類のクッキーを詰めました。カーブに沿ってアイスボックスやしぼり出しクッキー、すき間にアニスをプラス。

●大きな円形の缶には7種類を詰めて。リング形のしぼり出しクッキーをメインに、周りのクッキーの向きを揃えて統一感を演出。

●丸型のクッキー10種類を入れました。ジャムつきや焼き色の濃いクッキーを直線部分に沿わせて端に置きました。

●7種類のクッキーを入れた角缶。ショコラガレットやくるみうぐいすなど、色とりどりのクッキーが並ぶカラフルな取り合わせです。

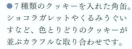

●8種類のクッキーを詰めて。しぼりや型抜きの凹凸を利用して、パズルのように組み合わせて固定するのもポイント。

●細長い角缶には7種類を入れました。角には四角や三角のクッキーを、あいたスペースに小さなクッキーを詰めるとまとまります。

天板クッキー

生地を天板に敷きこんで、大きな状態で焼きあげてから
切り分けるタイプのクッキー。作り応えがある分、
できたときの達成感と味は格別です。

46.
アーモンドのフロランタン

ザクッとした生地にアーモンドがたっぷり入った
ヌガーをのせて焼きあげました。
上手に焼いて、歯切れのよいフロランタンを目指しましょう。
作り方⇒ P.84

46.
アーモンドのフロランタン

【材料】24×28cmの天板1枚分
◎生地
バター（食塩不使用）…150g
グラニュー糖…75g
塩…0.6g
全卵…30g
A ┃ 薄力粉…225g
　┃ ベーキングパウダー…2.7g
打ち粉（強力粉）…適量

◎ヌガー
　┃ グラニュー糖…79g
　┃ 水あめ…20g
B ┃ はちみつ…16g
　┃ 生クリーム…50g
　┃ バター（食塩不使用）…10g
スライスアーモンド…62g

【下準備】
・バター、卵は室温に戻す。
・卵は必要な分量を量り、よく溶きほぐす。
・Aを合わせてふるいにかける。
・オーブンシートは天板の大きさぴったりに合わせる。

1　ボウルにバターを入れ、ゴムべらでほぐす。

2　グラニュー糖と塩を加え、空気を入れないように意識して、ゴムべらで生地を押さえるように混ぜる。

3　全卵を数回に分けて加え、そのつどよく混ぜて乳化させる。

4　分離がなく、生地がまとまってボウルの底から離れるようになったら混ぜ終わり。

5　Aを一気に加えて、ゴムべらで、生地を切るように2回混ぜ、3回めで生地を返す。1、2、3の一定のリズムで、練らないように混ぜ合わせる。

6　ゴムべらの面を使い、生地を手前に少しずつくずしながら移動させて、生地全体がムラなく、なめらかになるようにする。

生地をビニールシートにはさみ、上からめん棒で押す。

四角くまとめ、バットなどにのせて冷蔵庫で半日冷やす。

台にのせ、手の腹で上から押して生地をほぐす。

生地をまとめて、打ち粉をふりながら、俵状にまとめる。

打ち粉をしながらめん棒を縦、横の方向に押して生地をのす。

オーブンシートをあててひと回り大きくなるように生地をのす。生地がやわらかくなっていたら台ごと冷蔵庫に入れ、休ませる。

めん棒で生地を巻き取って、シートを敷いた天板にのせる。

天板の角や側面に生地を沿わせ、すき間がないように敷きこむ。

底から2mmくらいの位置にカードで数か所印をつける。側面のたちあげた生地が高すぎると焼いたときに生地が割れやすくなり、低すぎるとヌガーが流れるので、均一に印をつける。

15の印を目安にカードで余分な生地をカットして取り除く。4辺とも同様に生地の余分な部分をカットする。

生地全体にフォークで空気穴をあける。天板ごと冷凍庫で冷やす。

17を白焼きする。180℃のオーブンで10分焼いてうっすらと色がついたら取り出す。

焼けていない場合はさらに数分焼いて確認する。

天板クッキー 85

19 ヌガーを作る。鍋に B を入れて中火にかけ、焦げないようにゴムべらで混ぜながら沸騰するまで加熱する。18の白焼きができたらすぐにヌガーを流せるように作業を進める。

20 沸騰したら、手でくだいたスライスアーモンドを加え、さらによく混ぜる。

21 ヌガーがはがれやすくなり、鍋の底が見えるようになったら火を止める。

22 18の生地の上にヌガーを流す。

23 ゴムべらで生地全体にヌガーを広げる。アーモンドが偏らないように薄くのばし、生地の縁の内側5mmのところまできれいにのす。

24 170℃のオーブンで15分焼き、表面のヌガーが沸騰して焼き色がつき、気泡が透明になったら焼きあがり。
＊周りの色は濃くても焼きが浅いと歯につくのでしっかり焼く。

焼けていない場合はさらに数分程度焼いて確認する。

25 焼きあがりを軽く冷まし、手で触れられるくらいになったら、オーブンシートを敷いた台に裏返して出す。

26 ヌガーが冷えて固まる前に切り分ける。端を切り落とし、好みのサイズに定規をあてて印をつける。

27 波刃包丁を使い、生地を軽く押さえながらカットする。

Arrange
ごまのフロランタン
●アーモンドのフロランタンをごまにアレンジ。タルト型でも焼けます。

【材料】28×24cmの天板1枚分
◎ヌガー
B ┌ グラニュー糖…79g
　│ 水あめ…20g
　│ はちみつ…16g
　│ 生クリーム…50g
　└ バター（食塩不使用）…10g
白ごま…42g
黒ごま…20g

生地は P.84「アーモンドのフロランタン」参照。

【下準備】
・P.84「アーモンドのフロランタン」同様に準備する。

【作り方】
1 P.84〜85の1〜18を参照して生地を白焼きする。上記の19を参照してごま以外のヌガーの材料を沸騰するまで煮詰める。
2 沸騰したらごまを加え、さらによく混ぜる。
3 上記の21〜27を参照してヌガーを流し、焼きあげてカットする。

47.
エンガディナー

スイスのエンガディン地方の伝統菓子。
くるみがたっぷり入ったヌガーは絶品です。ホロッとした食感の
クッキーでサンドし、食べ応えも十分あります。
作り方⇒ P.90

48.
ジャムサンド

ふんわりとした生地の間にジャムをはさんだケーキのようなクッキー。
クランブルの上に粉糖をふりかければ上品に仕上がります。
ジャムはお好みのものを選んでください。
作り方⇒ P.92

47. エンガディナー

【材料】24×28cmの天板1枚分
◎生地
バター（食塩不使用）… 163g
粉糖… 144g
全卵… 67g
アーモンドパウダー… 72g
薄力粉… 346g

◎くるみのヌガー
グラニュー糖… 165g
A ┃ 水あめ… 60g
　 ┃ 生クリーム… 90g
バター（食塩不使用）… 150g
くるみ… 200g

卵液（全卵60g＋卵黄20g＋牛乳数滴）

【下準備】
・バター、卵は室温に戻す。
・卵は必要な分量を量り、よく溶きほぐす。
・粉糖、薄力粉はそれぞれふるいにかける。
・くるみを170℃のオーブンで10分焼いて粗熱をとり、手でくだく。
・卵液の材料をボウルに入れ、よく混ぜてこし器でこす。
・天板の底の大きさに合わせてオーブンシートをカットする。
・ヌガー用の天板にオーブンシートを敷く。

デコレーションコーム
生地に模様をつけるための道具。仕上がりがきれいなので一つあると便利。

1 P.14〜15「プレーンクッキー」の**1**〜**15**と同様に生地を作る。半分に分け、1枚は天板と同じ大きさに、残りは天板よりひと回り大きくのし、台ごと冷蔵庫に入れ、30分休ませる。

2 グラニュー糖を少量入れて中火にかける。ときどき鍋を動かし、グラニュー糖が溶けて透明になったら、少しずつ加えて焦がす。カラメル色がつき、細かい泡が出てきたら火を止める。

3 別の小鍋で**A**を軽く温めて**2**に加え、これ以上熱が入らないように色止めをする。

4 バターを加え、木べらで混ぜて乳化させる。

5 くるみを加える。

6 再び火にかけ、かき混ぜながら煮詰める。温度計で測りながら、108℃になるまで熱して火を止める。

天板に流し入れて室温で冷ます。

粗熱がとれたら、シートの両端を持って天板より1cm内側になるようにヌガーの端を折り込み、形を整える。4辺とも折ったら冷蔵庫で冷やす。

天板と同じ大きさの生地に卵液を刷毛でぬり、冷蔵庫で20分くらい冷やして表面を乾かす。

別の天板を用意する。P.85「アーモンドフロランタン」の **13～14** を参照し、天板よりもひと回り大きな生地を敷きこむ。

側面の高さまで生地を敷きこみ、生地全体にフォークで空気穴をあける。

8が固まったら、裏側(平らな面)を上にして生地の上にのせる。

9に、もう一度卵液をぬってデコレーションコーム(**a**：ない場合はフォーク)で模様をつける。

13を上からのせる。

ヌガーをくるむように上の生地の端を入れ込み、底の生地の側面をかぶせる。

焼き色を確認して薄い場合はさらに数分焼く

カードで側面の生地を内側に押して、上の生地にぬった卵液で生地を接着させる。

竹ぐしを刺して数か所空気穴をあけ、170℃のオーブンで30分焼く。取り出して天板ごと冷ます。

完全に冷めたら、端を切り落とし、好みの大きさに定規をあてて印をつけ、波刃包丁でカットする。

天板クッキー 91

48.
ジャムサンド

【材料】24×28cmの天板1枚分
バター(食塩不使用)…200g
粉糖…240g
A｜卵黄…72g
　｜全卵…72g
塩…0.6g
薄力粉…320g

◎クランブル
バター(食塩不使用)…75g
B｜グラニュー糖…75g
　｜アーモンドパウダー…35g
　｜薄力粉…75g
　｜塩…0.3g

好みのジャム…250〜280g
粉糖…適量

【下準備】
・生地用のバター、卵は室温に戻す。
・クランブル用のバターは冷蔵庫で冷やしておく。
・卵は必要な分量を量り、Aを合わせてよく溶きほぐす。
・粉糖、薄力粉はそれぞれふるいにかける。
・オーブンは170℃に温めておく。
・天板にオーブンシートを敷く。
・天板の大きさがわかるようにビニールシート2枚に印をつける(a)。

1　ボウルにバターを入れ、ゴムべらでほぐす。

2　粉糖を加え、空気を入れないように意識して、ゴムべらで生地を押さえるように混ぜる。

3　Aを3〜5回に分けて少しずつ加えて、そのつどよく混ぜて乳化させる。

4　塩を加え、薄力粉を一気に加えて、ゴムべらで、生地を切るように2回混ぜ、3回目で生地を返す。1、2、3の一定のリズムで練らないように混ぜ合わせる。

5　粉気がなくなり、生地がゴムべらについて混ぜにくくなったら、ゴムべらの面を使い、生地を手前に少しずつくずしながら移動させて、生地全体がムラなく、なめらかになるようにする。

6　生地を上用350gと底用500gに分け、ビニールシートにそれぞれはさむ。

7 上用のシートの端は印に合わせて裏側に折り、四角く生地をのす。生地がやわらかいため均一になるようにめん棒で調整する。

8 上用の生地をのばしたもの。

9 底用は印よりもひと回り大きく同様に生地をのばし、2枚を板などにのせて冷凍庫で1時間くらい冷やし固める。

10 クランブルを作る。冷えたバターを1cm角にカットする。**B**をボウルに入れて、バターを加えて、手でつぶしながらほぐす。バターの大きな塊がなくなればOK。

11 下用の生地を台に取り出し、天板の印に沿って、余分な部分をカードで切り放す。

12 カットした底用の生地を天板にのせ、角を押して平らに敷きこむ。

13 **12**で残った端の生地を天板の側面に置き、指で押して生地がつながるようにすき間を埋める。

14 ジャムをのせて生地全体に広げる。

15 上用の生地をのせる。

16 中のジャムを上下の生地で包むように側面の生地をカードでなでて、すき間をなくし、整える。

17 上からクランブルをのせて、全体にちらし、170℃のオーブンで30分焼く。取り出してしっかりと冷ます。

焼き色を確認して焼けていない場合はさらに数分焼く

18 完全に冷めたら、端を切り落とし、好みの大きさに定規をあてて印をつけ、波刃包丁でカットする。上から茶こしで粉糖をふってでき上がり。

天板クッキー 93

薄力粉
種類はいろいろありますが、手に入るものを使いましょう。この本ではスーパーバイオレットを使用。

卵
計量して使うので、サイズはどれを使ってもOK。きちんとよく溶いてから計量しましょう。

強力粉
さらさらして手につきにくく、打ち粉としても使用します。

バター
お菓子作りには食塩不使用のバターを使っています。ガレットなど、特にバターの香りを楽しみたいクッキーには発酵バターを使います。

基本の材料

いろいろなクッキーに使える基本の材料です。スーパーや製菓材料店などで手軽に購入できるものばかり。食べたいときにすぐ作れます。

ごま油
香りが少なく、他の素材をじゃましない太白ごま油（白）を使用しています。料理に使えるので1本あると便利。

ベーキングパウダー
製菓に使われる膨張剤。サブレなど厚焼きのクッキーにほんの少量加えています。他の粉類と合わせてふるいにかけて使いましょう。

アーモンドパウダー
無塩のアーモンドを粉末にしたもの。食感や風味を変えたいときに使います。

粉糖
さらさらと粒が細かい砂糖。コーンスターチの入っていない純粉糖を使用しています。

グラニュー糖
上白糖よりも結晶が大きく、クセのない砂糖。生地に加えるだけでなく、仕上げに表面につけて焼くなど用途はいろいろ。

生クリーム
生地に加えるとリッチな味わいに。脂肪分は38％のさらっとしたタイプを使用しています。

牛乳
成分無調整の牛乳を使用しています。作り方に合わせて温度を管理しましょう。

塩
粒の粗すぎない塩がおすすめ。ほんのひとつまみ程度ですが、生地に加えると風味を引き立ててくれます。

ナッツ類
緑のナッツから時計回りにピスタチオ、ヘーゼルナッツ、アーモンド、ピーカンナッツ、くるみ。

基本の道具

クッキー作りをサポートしてくれる
そろえておきたい道具類。

ボウル
生地は一つのボウルで作れるものが多いので、直径18～23cmくらいのボウルと、卵など、材料を計量するひと回り小さいボウルがあると便利

ゴムべら
生地に空気を含ませずに混ぜるときは、ゴムべらを使います。へらと持ち手部分が一体化しているものが使いやすくておすすめ。

泡立て器
生地に空気を含ませたいときは泡立て器を使います。生地によってはハンドミキサーを使うことも。

カード
生地を集めたり、移動させたり、カットしたりと用途はいろいろ。

スケール
卵、粉糖など、クッキー作りでは計量がかかせません。0.1g単位まで量れる微量計つきのものを使用すると、正確に測れます。

温度計
エンガディナーのヌガーを煮詰めるときに必要。200℃まで測れるものがおすすめ。

めん棒
生地をのばしたり、巻きつけて移動させたりとクッキー作りには欠かせない道具のひとつ。

定規
生地や焼きあがったクッキーをカットするときは、定規などで印をつけてからカットします。

バール
生地の厚さを均一にのす道具。2本の間に生地を置き、バールの上にめん棒の端をのせてのします。4mm、1cmなど、厚さ違いがあると便利。

オーブンシート
天板に生地がつくのを防いでくれます。お店ではくり返し使えるものを使用しています。

しぼり袋と口金
しぼり袋は洗って何度も使えるタイプを使用。口金は丸形、星形などいくつか口金を揃えるとバリエーションが広がります。

シルパン
網目状の加工がされた耐熱シート。余分な油脂分や水分が網目から抜けて、生地がサクッと、特に薄い生地はきれいに焼きあがります。

パレットナイフ
焼けたクッキーを取り出すときに使います。1枚ずつ焼き色を見ながら天板から取るため、あると作業効率が上がります。

波刃包丁
天板クッキーをカットするときなどに使うナイフ。使い勝手のよい短いタイプと大きな状態で切り分けられる長いタイプ、どちらもあると便利です。

新田あゆ子（にった あゆこ）

1979年生まれ。都内洋菓子店で経験を積んだのち、製菓専門学校での勤務を経て、2006年東麻布にてお菓子教室を、翌年2007年には、お菓子の販売をスタートしました。2012年には喫茶併設の浅草店、2014年には松屋銀座店をオープンし、イベントの出店をはじめ、ワークショップなども多数行なっています。お菓子にまつわる仕事を通して、出会う人とのつながりを大切に、スタッフとともに、日々、手作りのお菓子を作り続けています。

菓子工房ルスルス

浅草店（上）
東京都台東区浅草3-31-7

東麻布店（下）
東京都港区東麻布1-28-2

松屋銀座店
東京都中央区銀座3-6-1

http://www.rusurusu.com/

菓子工房ルスルスからあなたに。
作り続けたいクッキーの本
ていねいに作る48ノシピ

2016年11月28日　初版第1刷発行
2024年3月20日　初版第24刷発行

著　者　新田あゆ子
発行者　角竹輝紀
発行所　株式会社 マイナビ出版
　　　　〒101-0003 東京都千代田区一ツ橋2-6-3　一ツ橋ビル2F
　　　　TEL 0480-38-6872（注文専用ダイヤル）
　　　　03-3556-2731（販売部）03-3556-2735（編集部）
　　　　URL https://book.mynavi.jp
印刷・製本　シナノ印刷株式会社

製作協力　新田まゆ子
デザイン　福間優子
撮　影　福尾美雪
取　材　守屋かおる

D T P　アーティザンカンパニー
校　正　西進社
編　集　櫻岡美佳

special thanks
sasaki maki, yamane tetsuya, rusurusu staff

○定価はカバーに記載してあります。
○乱丁・落丁本はお取り替えいたします。
　お問い合わせは、TEL：0480-38-6872（注文専用ダイヤル）または、
　電子メール：sas@mynavi.jpまでお願いします。
○内容に関するご質問等がございましたら、往復はがき、または封書の場合は返信用切手、
　返信用封筒を同封の上、マイナビ出版編集2部までお送りください。
○本書は著作権法上の保護を受けています。
　本書の一部あるいは全部について、著者、発行者の許諾を得ずに
　無断で複写、複製することは禁じられています。

ISBN978-4-8399-6056-8 C5077
©2016 Mynavi Publishing Corporation　©2016 Ayuko Nitta　Printed in Japan